Schriftenreihe der GTZ, Nr. 231

Partizipative Erhebungs- und
Planungsmethoden in der
Entwicklungszusammenarbeit:

Rapid Rural Appraisal
Participatory Appraisal

Eine kommentierte Einführung

RECEIVED
UGARS
DED KAMPALA

D1664407

RECEIVED

1 1 Nov. 1996

GED KAMPALA

Partizipative Erhebungs- und Planungsmethoden in der Entwicklungszusammenarbeit: Rapid Rural Appraisal Participatory Appraisal

Eine kommentierte Einführung

Michael Schönhuth
Uwe Kievelitz

Eschborn 1993

Die Deutsche Bibliothek – CIP-Einheitsaufnahme

Schönhuth, Michael:
Partizipative Erhebungs- und Planungsmethoden in der
Entwicklungszusammenarbeit : rapid rural appraisal ;
participatory appraisal ; eine kommentierte Einführung /
Michael Schönhuth ; Uwe Kievelitz. [Hrsg.: Deutsche
Gesellschaft für Technische Zusammenarbeit (GTZ) GmbH]. –
Rossdorf : TZ-Verl.-Ges. , 1993
 (Schriftenreihe der GTZ ; No. 231)
 ISBN 3-88085-484-X (GTZ)
NE: Kievelitz, Uwe:; Deutsche Gesellschaft für Technische
 Zusammenarbeit <Eschborn>: Schriftenreihe der GTZ

Herausgeber: Deutsche Gesellschaft für
      Technische Zusammenarbeit (GTZ) GmbH,
      Postfach 5180, 6236 Eschborn

Druck: F.M.-Druck, Karben 1

Vertrieb: TZ-Vertriebsgesellschaft mbH, Postfach 1164,
      6101 Roßdorf 1

ISBN 3-88085-484-X
ISSN 0723-9637

1. unveränderter Nachdruck

Alle Rechte vorbehalten.

Inhaltsverzeichnis

Danksagung

Wir danken all jenen, die mit Informationen zum Gelingen der Broschüre beigetragen haben: Guy Bentham (IT). Anhony Bottrall (London), Lüder Cammann (DSE), Humphrey Davies (The Ford Found.), John Dixon (FAO), Paul Dover (DSU), John Farrington (ODI), Eberhard Gohl (FAKT), Irene Guijt (IIED), Almut Hahn (AGRECOL), Rudolf Hoffmann (UNICEF), Marc Rodriguez (GRET), Carla Hogan-Rufelds (FAO), Gunilla Olsson (SIDA), David Seddon (UEA), N. Sellamna (ICRA), Robert Tripp (CIMMYT), Ute Westphal (SLE).

Besonderen Dank für hilfreiche Kritik und wertvolle Informationen schulden wir: Michael Cernea (The World Bank), Robert Chambers (IDS), Jules Pretty (IIED), sowie in der GTZ: Herr Böhmer; Frau Craemer; Herr Forster; Herr Meyer-Rühen; Frau Hayfa; Frau Hock; Herr Hoesle; Herr Kalinowski; Herr Kapaun; Frau Klingshirn; Herr Lengefeld; Herr Mersmann; Herr Metzner; Frau Mildeberger; Herr Reineke; Frau Welz; Herr Werner; Frau Schäfer und den übrigen Mitarbeiterinnen und Mitarbeitern der Abt. 425 und der Stabsstelle 07.

RRA/PRA - kurzgefaßt

Rapid Rural Appraisal (RRA)
ist ein in der Entwicklungszusammenarbeit Anfang der 80er-
Jahre entstandener sozialwissenschaftlicher Ansatz, bei dem
ein multidisziplinäres Team vor Ort mittels nicht standardi-
sierter, einfacher Methoden und unter Einbeziehung des
Wissens der lokalen Bevölkerung in kurzer Zeit handlungsrelevante Informationen und Hypothesen über ländliches Leben und ländliche Ressourcen sammelt, analysiert und bewertet. RRA-Verfahren bieten sich als Alternative zu konventionellen Erhebungsverfahren an, wenn es nicht um die
meist zeit- und kostenintensive, systematische Erfassung exakter Zahlen, sondern um die rasche, handlungsorientierte
Einschätzung von lokalem Wissen, Bedürfnissen und Potentialen, um Konfliktösungsstrategien oder die Untersuchung
von Einzelproblemen geht. Sie eignen sich aber auch, um einen konventionellen Survey auf wesentliche Aspekte zu fokussieren.

Participatory Appraisal (PRA)
wird international oft auch als Participatory-Rapid-Rural-Re-
laxed Appraisal bezeichnet, mit dem Kürzel "PRA" versehen
und ist eine Fortentwicklung dieses Ansatzes. Es betont die
Übernahme einer aktiven Rolle in Problemanalysen und Planung durch die Betroffenen selbst, wobei Außenstehende
vorwiegend die Rolle von "facilitators" übernehmen. Nicht
mehr die externen Experten, sondern die lokale Bevölkerung
soll sich als Besitzer der bei der Untersuchung erzielten Ergebnisse fühlen und die daraus abgeleiteten Aktivitäten
selbst in die Hand nehmen können. Erfolgreich sind PRA-
Verfahren innerhalb von Programmen, die die partizipative
Entwicklungszusammenarbeit unterstützen, z.B. "Participatory Technology Development" und "On-Farm-Research"
bzw. "Peoples/ Popular Participation".

BENUTZERHINWEISE

Wie Sie diese Broschüre nutzen können:

- Die allgemeine Einführung (Kapitel I) informiert Sie über Inhalt, Anwendungsbereiche und Geschichte von RRA/PRA- Methoden.

- Kapitel II zeigt auf, wie RRA/PRA in die Praxis entwicklungspolitischer Institutionen (hier: der GTZ) eingebunden werden kann.

- Kapitel III beschreibt die Grundzüge wichtiger Ansätze und Herangehensweisen von Institutionen, die den RRA/PRA-Gedanken in die Praxis umgesetzt haben.

- Kapitel IV gibt eine Zusammenschau der wesentlichen in RRA's und PRA's eingesetzten Untersuchungstechniken.

- Der sich anschließende Index (Kapitel V) besteht aus Übersichten zu: empfohlener Einführungslektüre, Handbüchern und Trainings-Workshopberichten, einem Länderindex, einem Index nach Anwendungsbereichen, einer Liste mit weltweiten Kontakt- und Netzwerkadressen von RRA/PRA-erfahrenen Institutionen sowie Bezugsquellen von Zeitschriften und anderen Medien, die über RRA und PRA berichten.

Mögliche Benutzerschritte für

➡ **allgemein interessierte Leserinnen und Leser, die mehr über PRA und seine praktische Anwendung wissen wollen:**

1. Die Fußnoten im Einführungstext weisen auf spezielle Lektüre zu den entsprechenden Punkten hin. Wollen Sie sich allgemein in die Thematik einlesen, schlagen Sie unter dem Index "Empfohlene Lektüre" in Kapitel V nach.

2. Schauen Sie als GTZ-Mitarbeiter im Literaturverzeichnis nach, ob der von Ihnen gesuchte Titel in einer der GTZ-Bibliotheken vorhanden, oder als Außenstehender, ob er über Bibliotheken bestellbar ist.

3. Wenn der Titel von einer der im Netzwerk-Adressenverzeichnis angegebenen Institutionen vertrieben wird, können Sie ihn dort bestellen (oder dies zumindest versuchen).

4. Falls Sie regelmäßig informiert werden wollen, abonnieren Sie eine der im Index "Kostenlose/günstige Bezugsquellen" angegebenen Zeitschriften.

5. Falls Sie selbst an einem PRA-Training teilnehmen wollen, setzen Sie sich mit einer der im Index "Organisationen, die Ausbildungen/Kurse in RRA/PRA-Methoden anbieten" genannten Institutionen in Verbindung (nach Ländern geordnet).

➡ Fach-/Regionalplaner und Manager in Entwicklungsorganisationen:

1. Bevor Sie sich für den Einsatz von RRA/PRA im Projektzyklus entscheiden, ziehen Sie den beabsichtigten Untersuchungsfokus, das vorhandene Zeitbudget und den Einsatzpunkt im Projektzyklus in Betracht. Berücksichtigen Sie dazu auch die in Kapitel II dieser Broschüre gemachten Aussagen.

2. Konsultieren Sie den von der FAO Ende 1992/Anfang 1993 herausgegebenen "Manager's Guide to the Use of Rapid Rural Appraisal (Grandstaff/Messerschmidt 1992; vor allem Kapitel 4 - 7 über die notwendigen Qualifikationen des RRA-Teams, und das Aushandeln der Auftragsbedingungen).

3. Vergegenwärtigen Sie sich die in der Einführung (Kapitel I) gemachten Aussagen. Können Sie die Potentiale und Grenzen von RRA/PRA abschätzen?

4. Überlegen Sie sich, welche der in Kapitel III aufgeführten Herangehensweisen für Ihre Aufgabenstellung am besten geeignet ist. Konsultieren Sie die dort angegebene Literatur, um sich von Inhalt und Vorgehensweise der Methode ein Bild zu machen.

5. Nehmen Sie über eine der im Adressenverzeichnis angegebenen Institutionen Kontakt zu PRA-Fachleuten auf, oder setzen Sie sich mit KollegInnen in Ihrem Hause in Verbindung, die schon Erfahrungen mit PRA in Projekten gesammelt haben.

6. Erstellen Sie daraufhin die Terms of Reference.

➡ Projektmitarbeiter:

1. Vergegenwärtigen Sie sich die in Abschnitt 8 und 9 der Einführung gemachten Aussagen. Können Sie die Potentiale und Grenzen von RRA/PRA abschätzen?

2. Überlegen Sie sich, welche der in Kapitel III aufgeführten Herangehensweisen für Ihre Aufgabenstellung am besten geeignet ist. Konsultieren Sie die dort angegebene Literatur, um sich von Inhalt und Vorgehensweise der Methode ein Bild zu machen.

3. Konsultieren Sie den Länderindex und den Index der Anwendungsbereiche, um herauszufinden, ob für Ihre Belange schon regionale/fachliche Erfahrungen mit RRA/PRA vorliegen.

4. Überlegen Sie sich, welche der in Kapitel IV aufgeführten Techniken sich für Ihre Belange eignen würden. Machen Sie sich mit diesen Techniken grundsätzlich vertraut, und entscheiden Sie, in welcher Form und Intensität Sie Spezialisten für Training und Durchführung von RRA/PRA hinzuziehen wollen.

5. Besorgen Sie sich eines der Trainings-Handbücher, in denen genau beschrieben steht, wie ein PRA-Training abläuft und welche Hilfsmittel Sie benötigen.

6. Natürlich können Sie auch einzelne Techniken in Ihrer Arbeit anwenden bzw. ausprobieren. In manchen Projektsituationen, vor allem wenn Sie auf sich gestellt sind, kann dies zur Lösung spezifischer Fragen durchaus sinnvoll sein[1]. Bedenken Sie aber dabei, daß ein entscheidendes Moment von RRA/PRA der Teamgedanke ist, und daß ein PRA-Workshop ohne Unterstützung durch erfahrene Teammitglieder zur Farce werden kann.

7. Setzen Sie sich mit Ihrem Auftraggeber (Ihrem GTZ-Fachplaner) in Verbindung, um weitere Schritte gemeinsam zu planen.

---

1   vgl. als Beispiel Holtzmann 1986

I. EINFÜHRUNG

"Andy Inglis...led an [RRA-]team to investigate fuelwood
issues in Sierra Leone, and was able to compare the results
with those from a [formal] questionnaire conducted just before.
He concludes that the RRA survey not only generated useful
results but was probably better suited to the gathering of
complex socio-economic and socio-ecological information. The
results of the RRA were presented the day after the fieldwork
was concluded; close to a year later the questionnaire results
had still not been analysed."
(aus: RRA Notes 12, 1991:3)

1. Was dieser Überblick will

"Rapid Rural Appraisal" (RRA) oder "Participatory Rapid/Relaxed/ Rural Appraisal (PRA)". Viele in der Entwicklungszusammenarbeit Tätige sind diesen Ausdrücken in ihrer Arbeit in der einen oder anderen Kombination schon einmal begegnet. Was aber steckt hinter diesen Worthülsen? Woher kommen die dahinter stehenden Konzepte? Wofür genau sind sie einsetzbar? Welche Erfahrungen sind mit diesen Methoden gemacht worden? Was haben sie mit anderen partizipativen Ansätzen gemeinsam? Was zeichnet sie aus? Wo liegen ihre Stärken und Schwächen? Wie schließlich sind sie in die Arbeit der GTZ und anderer Entwicklungsinstitutionen integrierbar?

In der Abteilung "Sektorübergreifende städtische und ländliche Programme" der GTZ-Zentrale hielten wir es für angezeigt, eine übersichtliche und verständliche Einführung in dieses Feld zu erstellen, für all diejenigen, die über das "schon-mal-begegnet"-Stadium hinausgehen und PRA-Ansätze in ihrer Arbeit einsetzen wollen. Die vorliegende Broschüre will die "Black-Box" der RRA-und PRA-Verfahren öffnen und Leserin und Leser mit den Schlüsselkonzepten und der "Philosophie" hinter diesen Ansätzen vertraut machen. Wir verwenden dabei die Ausdrücke "Participatory Appraisal" und "PRA" synonym, da wir einerseits damit ausdrücken wollen, daß der beschriebene Ansatz international mit der Abkürzung "PRA" eingeführt ist, andererseits aber die heutige Anwendung dieses Ansatzes von der Analyse viel stärker hin zur Planung und Konfliktlösung in sozialen Gruppen weiterentwickelt wird. Dies geschieht unabhängig vom ländlichen Milieu (also nicht unbedingt "rural") und ist ein längerfristiger Prozeß (also nicht unbedingt "rapid"). Der Ausdruck "Participatory Appraisal" ist also am angemessensten. Die Beschreibung der PRA-Instrumente und eine Auswahl der verschiedenen praktizierten Herangehensweisen soll dem Leser oder der Leserin ermöglichen, eine begründete Auswahl für seine/ihre praktischen Ziele zu treffen. Ausgewählte Literaturhinweise öffnen den Weg zu einer vertiefenden Lektüre.

2. Wozu rasche und partizipative Methoden?

Schon seit den Anfängen der Entwicklungszusammenarbeit wurden im Rahmen von Entwicklungsprojekten soziale und sozioökonomische Daten gesammelt. Meistens geschah dies in Form konventioneller Erhebungen ("surveys"). Bekanntestes Instrument ist dabei der standardisierte Fragebogen. Als gravierende Nachteile stellten sich nicht nur der bei solchen Surveys vergleichsweise hohe personelle und zeitliche Aufwand und die damit verbundenen Kosten heraus, sondern auch die Menge der dadurch produzierten Daten. Projekte tragen selten Nutzen von solchen "Datenfriedhöfen" davon. Die Analyse der Daten dauert in der Regel Monate - manchmal auch länger - und ihre Ergebnisse sind häufig auf den akuten Entscheidungsbedarf im Projekt nicht zugeschnitten. Zudem betonen sie im Sinne der Objektivität und Repräsentativität Sachdaten und Durchschnittswerte. Robert Chambers[2], einer der geistigen Väter der PRA-Methoden, faßte die Nachteile solcher konventionellen Surveys wie folgt zusammen:

- Sachinformationen wurde der Vorzug gegenüber personenbezogenen Informationen gegeben;
- ärmere Menschen wurden zu leicht übersehen;
- der methodische und finanzielle Aufwand stand in keinem Verhältnis zu den erzielten Ergebnissen;
- die nötigen Informationen wurden fast nur von Außenstehenden erworben, analysiert und benutzt.

---

2   vgl. Chambers 1991: 516-517

Kurzzeitstudien von einem in der Stadt stationierten Experten, vorzugsweise in der angenehmen Jahreszeit (nach der Ernte, in der Trockenzeit) durchgeführt, weisen nicht weniger gravierende Mängel auf. Der Experte, der sich aus Zeitmangel oder Bequemlichkeit entlang der Hauptstraße bewegt und sich gerne nahe der Zentren aufhält, erlebt dort eine Welt, in der Männer eher zu Wort kommen als Frauen, Benutzer von Serviceleistungen eher als Nichtbenutzer, Eliten eher als Benachteiligte, leicht erreichbare oder zugängliche Personen eher als zurückhaltende oder weit vom Zentrum entfernte. Um ein drastisches Bild von Chambers zu gebrauchen:

Die Lebenssituation eines männlichen Bauern, dessen Farm neben einem Projekt direkt an der Hauptstraße in der Nähe der Hauptstadt liegt und der vom Experten nach der Ernte befragt wird, unterscheidet sich ganz erheblich von der einer alleinstehenden alten Witwe, die während der Regenzeit kränklich und unterernährt an einem unzugänglichen Ort weit draußen ihr Dasein fristet, für den Experten aber unsichtbar bleibt. Diplomatisches Verhalten und Protokoll auf der einen und Mangel an Zeit und Höflichkeit auf der anderen Seite tun ein übriges, um das Bild vollends zu verfälschen.

3. Rapid Rural Appraisal (RRA)

Die Unzufriedenheit mit den Ergebnissen langfristiger sog. "baseline surveys" oder unstrukturierter und oberflächlicher Kurzzeitstudien (auch als "Ländlicher Entwicklungstourismus" bekannt) führte Ende der 70er Jahre zur Suche nach kostengünstigeren und vor allem wirklichkeitsnäheren Methoden. 1981 beschrieb Michael Collinson, wie sich eine verläßliche Untersuchung landwirtschaftlicher Fragestellungen im Rahmen einer explorativen Erhebung ohne Mühe in nur einer Woche durchführen ließ. Trotzdem empfahl er, dieser Untersuchung eine aufwendige formale Erhebung folgen zu lassen, um das "Establishment" von der Richtigkeit der Ergebnisse zu überzeugen[3]. Workshops am Institute for Development Studies (IDS) in Sussex Ende der 70er Jahre und grundlegende programmatische Artikel von Chambers (1980), Belshaw (1981) und Carrut-

---

3 vgl. Collinson 1981:444

hers/Chambers (1981) führten dann allerdings zu einer wachsenden Akzeptanz des Ansatzes.

> RRA kann definiert werden als systematische halbstrukturierte Aktivität, die vor Ort von einem multidisziplinären Team durchgeführt, darauf angelegt ist, rasch und effizient neue Informationen und Hypothesen über ländliches Leben und ländliche Resourcen zu erwerben.

Das Team selbst ist heterogen. Es kann aus Wissenschaftlern, Landwirtschaftsberatern, Projektmitarbeitern, aber auch Regierungsangestellten und Dorfvertretern zusammengesetzt sein. Die Konstellation der untersuchenden Zweier- oder Dreierteams wird täglich gewechselt, um so ein Höchstmaß an unterschiedlichem Wissenshintergrund und Blickweisen zu gewährleisten. Wesentlich ist die Beschränkung des Untersuchungsfokus auf diejenigen Aspekte, die für eine beabsichtigte Intervention oder eine gewünschte Änderung wichtig sind. Dabei bedient sich das Team eines Sets von nicht standardisierten, einfachen Methoden zur Informationssammlung und Datenanalyse, das von halbstrukturierten Interviews, gemeinsamer Ortsbegehung, über direkte Beobachtung bis zu analytischen Spielen reicht. Letztere werden zur Einschätzung von Präferenzen oder Einstellungen, aber auch zur Entdeckung des lokalen Wissensschatzes eingesetzt.

Seit dieser Zeit haben eine wachsende Zahl von Instituten, Forschungszentren, Entwicklungsagenturen und Einzelpersonen die Schlüsselkonzepte von RRA ausprobiert, verändert und erneuert, allen voran die Universitäten von Chiang Mai ("Agroecosystem Analysis")[4], und Khon Kaen in Thailand[5]. Die Entwicklung von RRA läßt sich am besten in den von IIED in London herausgegeben RRA-Notes verfolgen.

---

4   vgl. Conway 1988
5   vgl. Khon Kaen 1987

4. Von Rapid Rural Appraisal (RRA) zu Participatory Appraisal (PRA)

Auf der Grundlage von RRA wurde in den letzten Jahren von verschiedenen Organisationen ein neuer Ansatz entwickelt: "Participatory Appraisal". Rapid Rural Appraisal hat noch wesentlich extraktiven Charakter. Die Analyse und Verwendung der Ergebnisse verbleibt weitgehend in den Händen der externen Experten. PRA betont demgegenüber die Übernahme einer aktiven Rolle durch die Betroffenen in der Durchführung und Analyse einer Untersuchung sowie in der Bewertung der Ergebnisse. Es legt Wert auf das Lernen der Externen von den Mitgliedern des Dorfes oder Stadtviertels, in dem untersucht wird und auf das gemeinsame neue Erkennen der lokalen Lebenssituation als Grundlage für gemeinsames Planen und Handeln. Diesen Prozeß kann man als "sharing realities" beschreiben. Das "R" in PRA sollte nach einem Vorschlag Chambers deshalb eigentlich nicht für "rapid" sondern für "relaxed", also ein entspanntes, sich Zeit nehmendes Forschen stehen.

> PRA ist ein Weg, Mitglieder einer sozialen Gruppe dazu anzuregen und zu unterstützen, in einem vertretbaren Zeitrahmen ihre Entwicklungshemmnisse und -chancen zu untersuchen, zu analysieren und zu evaluieren sowie fundierte und rechtzeitige Entscheidungen bezüglich Entwicklungsprojekten zu fällen.

RRA und PRA werden eingesetzt:

- um Bedürfnisse festzustellen ("felt needs");
- um Prioritäten für Entwicklungsaktivitäten festzusetzen ("Exploratory RRA")[6];

---

6   vgl. Collinson 1981

5

- im Rahmen von Durchführbarkeitsstudien ("feasibility studies")[7];

- in der Implementierungsphase von Projekten;

- im Rahmen von Monitoring und Evaluation von Projekten[8];

- für themenspezifische Untersuchungen ("Topical RRA")[9];

- um formale Surveys auf wesentliches zu fokussieren[10];

- um konfligierende Interessen zwischen Gruppen zu identifizieren[11];

Die bisherigen Einsatzbereiche von RRA/PRA umfassen:

- Management natürlicher Ressourcen (Boden- und Gewässerschutz, integrierte Agroforstwirtschaft, Fischerei, Wildschutz etc.);

- Landwirtschaft (Anbaufrüchte und Haustierhaltung, Bewässerung, Märkte etc.);

- Programme zu Gleichstellungsfragen (Frauen, Kreditbedürfnisse, Identifizierung der Ärmsten, zusätzliche einkommensschaffende Maßnahmen etc.);

- Gesundheit und Ernährung (Basisgesundheits- und Ernährungssicherungsprogramme, Trinkwasserversorgung).

Unterschiedliche Schwerpunkte von RRA und PRA:

RRA-Methoden werden vor allem dort erfolgreich eingesetzt, wo es um eine möglichst rasche, aber effiziente Einschätzung lokaler Verhältnisse auf Seiten der Geberorganisationen geht. Auch für eine erste Orientierung, die Analyse eines speziellen Problems oder die Fokussierung von Fragestellungen ist RRA geeignet. Als Alternative zu konventionellen Ansätzen ist es in der Durchführung durchaus noch in ein "Top-down-Management" integrierbar.

---

7   vgl. z.B. FAO 1990
8   vgl. FAO 1990; Feuerstein 1986; Stephens 1988; Topsöe-Jensen 1989
9   vgl. Subadhira 1987; Mc Cracken 1988a
10 vgl. Ngmasomsuke et al. 1987, Thomas/Supchanchaimat 1987; Nagel et al. 1989
11 vgl. Conway/Sajise eds. 1986

Die in den letzten Jahren entwickelten PRA-Methoden konzentrieren sich ganz auf die Interessen lokaler Gemeinschaften und die Stärkung ihrer Entscheidungskompetenz. PRA ist einem "bottom-up"-Ansatz verpflichtet und läßt sich am besten im Rahmen eines gemeindebezogenen partizipativen Programm- oder Projektansatzes umsetzen. Auf seiner Beschreibung wird im folgenden der Schwerpunkt liegen.

Die besonderen Voraussetzungen für PRA:

PRA ist nicht nur ein innovativer Ansatz. Es verlangt auch eine veränderte Einstellung des externen Untersuchers hinsichtlich

- des Partizipationsgedankens (Lernen von und mit den Menschen);
- des Respekts vor den Menschen, mit denen man arbeitet;
- des Interesses an dem, was sie wissen, sagen, zeigen und tun;
- der eigenen Ergebnisorientiertheit (auch keine Antwort ist eine Antwort!);
- der eigenen Zuhörfähigkeit und Geduld;
- der ehrlichen Bescheidenheit das eigene Wissen betreffend;
- der Methoden, die die Gemeinschaftsmitglieder ermuntern, ihr Wissen mitzuteilen, zu erweitern und zu analysieren.

PRA hat wesentlich mehr mit angewandter Ethnologie und ethnographischer Feldforschung gemein als mit empirischen Sozialforschungsmethoden, d.h. sie ist mehr auf das Verständnis komplexer Sachverhalte ausgerichtet als auf die Erhebung quantitativer Daten und Variablen. PRA wie Feldforschung haben einen breiten Blickwinkel, benutzen vor allem flexible und informelle Methoden, fordern ein hohes Maß an Partizipation und Empathie, verwenden einen Korb verschiedener Untersuchungstechniken (keine statistischen Analysen oder Fragebögen), betonen den Einzelfall und qualitative Beschreibungen. Die Unterschiede liegen im multidisziplinären Teamansatz und der limitierten Zeit von PRA (meist nur wenige Wochen), innerhalb der nur für die Entscheidungsfindung notwendige Einzelaspekte des Gesellschafts- und Kultursystems untersucht werden.

5. Die Schlüsselkonzepte von PRA

PRA basiert auf wenigen Schlüsselkonzepten, die sein Erscheinungsbild ausmachen. Sie bilden den notwendigen Rahmen für die eingesetzten Techniken:

Triangulation

Eine Form von "cross-checking" in Bezug auf die Teamzusammensetzung, die Informationsquellen und die verwendeten Techniken. So sollen in jedem Team mehrere Disziplinen und verschiedene Wissensbereiche vertreten sein und ein ausgeglichenes Mann/Frau-Verhältnis herrschen. Jedes Phänomen sollte aus unterschiedlichen Blickwinkeln beleuchtet und mit unterschiedlichen Techniken untersucht werden.

Abb. 1: Triangulation [nach Theis/Grady 1991:30]

Lernen in der Gemeinschaft

PRA heißt lernen von, mit und durch die Gemeinschaftsmitglieder. Das Team sollte versuchen, so weit wie möglich die Probleme "mit den Augen der Betroffenen" zu sehen. Die Untersuchungsinstrumente werden zusammen mit den Dorf- oder Stadtquartierbewohnern eingesetzt, einzelne auch in Eigenregie von den Gruppen selbst. Im Team müssen Mitglieder der betroffenen Gruppen vertreten sein, um ein Mindestmaß an Innensicht zu gewährleisten. Während des Aufenthaltes wird im Untersuchungsgebiet gemeinsam gegessen und übernachtet. Das PRA-Team hört zu, nimmt an Alltagsaktivitäten teil und läßt sich in lokale Lösungsstrate-

8

gien unterweisen. Die Teammitglieder verstehen sich in erster Linie als Katalysatoren zur Unterstützung einer selbstbestimmten Entwicklung.

"Optimale Ignoranz" und angemesssene Ungenauigkeit

Das PRA-Team vermeidet unnötige Genauigkeit bei der Datensammlung. Es wird nur soweit geforscht und analysiert, wie es zum Erkennen der Bedürfnisse oder der angestrebten Aktivität notwendig ist. Das ist ein wesentlicher Unterschied z.B. zu ethnographischer Feldforschung, aber auch zu sozioökonomischen Surveys.

Angepaßte Instrumente

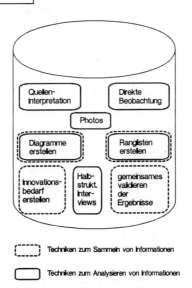

Abb. 2: Der Korb informeller PRA-Techniken [nach: Theis/Grady 1991:43]

PRA greift auf einen Korb von informellen aber strukturierten und aufeinander aufbauenden Erhebungsinstrumenten zurück. Die Techniken werden nach ihrem Partizipationsgrad ausgewählt; d.h. sie müssen klar, anschaulich, einfach, lokal angepaßt und für jede Veränderung offen sein, die von den Bewohnern des Dorfes oder Viertels vorgeschlagen wird. Es muß deutlich werden, daß von ihren Vorschlägen der Erfolg der Aktion abhängt. Angepaßt heißt zum Beispiel, daß lokale Materialien wie Samen zur Mengenbeschreibung und lokale Klassifikationen[12] (z.B. zur Agro-Ökosystem-Analyse) verwendet werden.

Eine wichtige Voraussetzung ist auch das sog.:

"Visual Sharing"

Bei der Befragung mittels Fragebogen wird das gesprochene Wort vom Interviewten auf den Fragebogen des Interviewers übertragen, wo es dessen 'Eigentum' wird. Bei der gemeinsamen visuellen Vergegenständlichung (visual sharing) einer Karte, eines Modells oder eines Diagramms können alle Anwesenden deren Entwurf verfolgen, eigene Änderungsvorschläge einbringen, auf Problemfelder deuten, und verwendetete Gegenstände oder Darstellungen manipulieren und mitgestalten. Sprachliche Kompetenz und Schreibkunst sind dabei nicht vonnöten. Beim partizipativen Kartieren und Modellbauen[13] entwerfen die Dorf- oder Viertelbewohner ihre Karte oder ihr Bild von der Umgebung in der, oder den Ressourcen von denen sie leben.

Vor-Ort-Analysen und Vor-Ort-Präsentation

Durch allabendliche Besprechungen im Team werden die gefundenen Ergebnisse gemeinsam analysiert und das Vorgehen für den nächsten Tag besprochen. Dadurch wird das Verständnis für die Probleme vertieft und der Untersuchungsfokus geschärft. Die wiederholten Analysen führen zur Fokussierung der Problemkreise, zu wachsendem Verständnis und zur Akkumulierung des Wissens. Die Ergebnisse des Feldaufenthaltes werden vom ganzen Team (nicht nur der Teamleitung!) noch vor Ort ausgewertet, öffentlich präsentiert und mit den Mitgliedern der Gemeinschaft diskutiert. Die Ergebnisse können in schriftlicher Form aufbereitet werden. Sinnvoller ist meist die visuelle Präsentation auf Tafeln mit Tabellen, Grafiken, Piktogrammen, Fotografien oder Cartoons. Aber auch die mündliche Präsentation von Teilergebnissen mittels einer Theateraufführung, eines Puppenspiels oder einer Erzählung hat sich als sinnvoll erwiesen[14].

---

12 vgl. z.B. das Patecore Projekt der GTZ, GTZ 1992b
13 vgl. dazu z.B. Gibson 1991
14 vgl dazu Cornwall et al. 1989; FAO 1986; 1990:83ff

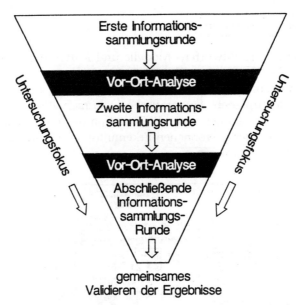

Abb. 3: Die Schärfung des Untersuchungsfokus durch wiederholte Vor-Ort-Analysen

Nach der Präsentation werden von der Gemeinschaft Punkte für das weitere Vorgehen festgelegt und Vorschläge gesammelt, welche Gruppe innerhalb des Dorfes, der Organisation oder des Stadtviertels sie umsetzen sollte, wie, wo und wann.

Abb. 4: "Wie unser Dorf durch Bäume grüner wurde" [aus FAO 1990:83]

Regelmäßige Folgetreffen

Gemeinsam vor Ort entworfene Modelle und Karten eignen sich ausgezeichnet, um den Fortschritt in der Umsetzung der gemachten Vorschläge zu dokumentieren, zu reflektieren und in regelmäßigen Folgetreffen gemeinsam weiterzuplanen. Fotografische Dokumentation und Tonbandmitschnitte von der gemeinsamen Präsentation dienen daneben auch der Weitervermittlung der gewonnenen Erkennntnisse, z.B. in "farmer-to-farmer-extension"-Programmen.

Abb. 5: Partizipative Evaluierung mit Hilfe von Tafeln. Wurden die 1985 gesteckten Ziele erreicht? [aus FAO 1990:53]

Vermeiden von Einseitigkeit; Selbstkritik

Das PRA-Team sucht ganz bewußt diejenigen auf, die sonst sprachlos bleiben: die Ärmsten, Frauen, benachteiligte Gruppen an entlegenen Orten, während der schlechten Jahreszeit usw. Das Team reflektiert über das, was gesagt, aber auch das, was verschwiegen wurde, das Gesehene und Übersehene, und versucht eigene Irrtümer herauszufinden. Es soll sich vor allem jeglicher wertender Aussagen über andere enthalten.

12

6. Wie sieht ein PRA aus?

Ein PRA besteht immer aus einem einführenden Workshop für die Untersuchungsteilnehmer, der anschließenden Untersuchung und der Auswertung vor Ort und umfaßt in der Regel eine Zeitspanne von zehn Tagen bis vier Wochen, je nach Aufgabenstellung. Es wird an einem Ort, manchmal an mehreren ausgewählten Orten innerhalb eines Einzugsgebietes von einem oder mehreren Teams durchgeführt. Ein PRA, das die Organisation "Save the Children (SC)" 1990 im Gaza-Streifen durchführen ließ[15], soll illustrieren, wie die Umsetzung des PRA-Gedankens in die Praxis aussehen kann. Es zeigt unter anderem:

- daß sich ein unter fachlicher Anleitung durchgeführtes PRA auf einheimische Untersucher(innen) stützen kann;

- daß ein PRA, obwohl für den ländlichen Raum entwickelt, ebenso im städtischen Bereich anwendbar ist;

- daß es bei geschlechtsspezifischen Fragen von Vorteil sein kann, das Team aus Mitgliedern nur eines Geschlechts zusammenzusetzen;

- daß das Team vorhandene Instrumente aus dem PRA-Korb bei Untauglichkeit jederzeit verwerfen und angepaßtere entwickeln kann.

Das Problem
SC, das seit 1978 Projekte im Gazastreifen durchführt, fand, daß trotz eigener Bemühungen die Bedürfnisse und Probleme der Frauen eigentlich nicht bekannt waren. Das PRA sollte Antworten auf diese Fragen geben und hatte zum Ziel, Frauenprojekte effektiver zu gestalten. Die Untersuchung sollte an zwei für Gaza typischen Orten, in einer ländlichen Siedlung und in einem dicht besiedelten Stadtquartier durchgeführt werden, wohin durch Projekte auch schon Kontakte bestanden.

Vorbereitung
Vor der Durchführung des PRA-Trainings und der Zusammenstellung des Teams wurden Sekundärquellen wie Bücher, Zeitschriftenartikel, und graue Literatur zu Frauen im Gazastreifen konsultiert. Danach führte eine

---

15   vgl. Theis/Grady 1991:44-46; Report of the PRA...1990

Teamleiterin halbstrukturierte Interviews mit Schlüsselinformantinnen (z.B. Vertreterinnen von Frauenvereinigungen, mit der Thematik befaßte Akademikerinnen) durch. Die Interviews dienten dazu, die Aufgabenstellung genauer zu umreißen, Schlüsselbereiche zu identifizieren und Entscheidungsgrundlagen für die Auswahl des Teams und der zu verwendenden Techniken zu treffen. Schlüsselbereiche waren z.B. die Vor- und Nachteile reiner Frauenprojekte oder die Abkehr von bzw. das Bauen auf typische Frauentätigkeiten.

Das PRA-Training

Das Training wurde mit acht Frauen aus Gaza mit unterschiedlichem beruflichen und schulischen Hintergrund, zwei davon aus den für die Untersuchung gewählten Orten, durchgeführt. In drei Tagen wurden Hintergrund, Methoden und Techniken des PRA von zwei in partizipativen Verfahren erfahrenen Teamleiterinnen und einem in PRA versierten Ethnologen vermittelt und der "Fahrplan" und die Techniken für den Feldaufenthalt zusammengestellt.

Der PRA-Feldaufenthalt

Für die Arbeit vor Ort wurden aus dem Korb vorhandener PRA-Techniken das semi-strukturierte Interview mit Einzelpersonen, Schlüsselinformantinnen und Gruppen als Basisinstrument, und die direkte Beobachtung als Kontrollinstrument für die Interviewergebnisse ausgewählt. Zwei weitere eingesetzte Instrumente, der "jahreszeitliche Kalender" und ein "Lebenszyklusdiagramm" erwiesen sich als für die Situation der Frauen im Gaza wenig geeignet. Dafür wurden zwei neue graphische Instrumente entwickelt, die Aussagen über die Mobilität der Frauen (wohin, wieviel sind sie unterwegs) und über ihre Alltagsroutinen (wie lange, wie viel arbeiten sie zuhause, wieviel außerhalb) zuließen. Diese Grafiken wurden in den Einzelinterviews wiederum als Diskussionsgrundlage verwendet.

Die Feldarbeit dauerte drei Wochen. Der Abschlußbericht faßte die Untersuchungsergebnisse aus den zwei Gebieten unter folgenden Faktoren zusammen: Schulbildung, gesellschaftliche Stellung, Leben im Haus und Alltagsroutinen, Landwirtschaft, Wohlstand, Einkommensquellen und Arbeit außer Haus, Entscheidungsprozesse und Partizipationsgrad in der Gemeinschaft, Bedürfnisse und Probleme.

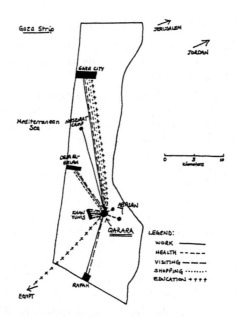

Abb. 6: Mobilitätskarte der Frauen aus Qarara
[gemittelt aus Einzelkarten, aus Theis/Grady 1991:84]

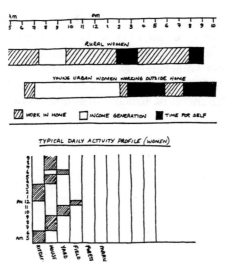

Abb. 7: Typische Alltagsroutinen und Aktivitätsprofile von Frauen im Gazastreifen
[aus: Theis/Grady 1991:105]

15

Einige aus dem PRA gewonnene Erkenntnisse waren:

- die Frauen aus Gaza zeigen sich wenig interessiert, an Projekten teilzunehmen, die keine kurzfristig erkennbaren Vorteile für sie bringen;

- Projekte, aber auch Trainings mit Frauen, müssen unter allen Umständen die vorhandenen Alltagsbeschränkungen z.B. hinsichtlich des dafür von ihnen aufzubringenden Zeitbudgets, der geeigneten Tageszeit oder des Veranstaltungsortes berücksichtigen;

- überraschend: die Frauen erachten es als wenig sinnvoll, gemeinschaftsgestützte Projekte auf die Ärmsten der Armen zu stützen, da denen die nötige Zeit, Mobilität aber auch nötiges Engagement und die Durchsetzungskraft für geplante Veränderungen in der Gemeinschaft fehle.

Das Team formulierte anschließend zusammen mit den Frauen anhand eines sog. "innovation assessment" Vorschläge für mögliche Projekte, wobei im ländlichen Bereich Gesundheitszentren und Vorschulen für Kinder oben auf der Prioritätenliste standen[16]. Der Bericht schließt mit einem Kapitel, in dem aufgetretene Probleme, Schwächen und Stärken der angewendeten Untersuchungsinstrumente und die Grenzen einer solchen Untersuchung aus der Sicht des Teams dargelegt werden.

In letzter Zeit ist zunehmend die Notwendigkeit betont worden, PRA als Einstieg in einen längerfristigen Planungs- und Handlungsprozeß - ähnlich der sozialwissenschaftlichen Aktionsforschung - zu betrachten. Beispiele für ein solches Vorgehen liegen vor allem von Nichtregierungsorganisationen wie AKRSP, Indien und Action Aid, Gambia und Kenia, im Rahmen des Managements natürlicher Ressourcen vor[17].

---

16 vgl. Report...1990:18f
17 vgl. Shah 1992; Ford et al. 1992; Kabutha et al. 1991

gewünschte Innovation / geplantes Projekt	Vorteile für die Frauen	Vorteile für die Gemeinschaft	Nachhaltigkeit des Projekts	Gerechte Verteilung der Vorteile	Technische Verträglichkeit	SUMME	RANG
Vorschule	+	+	+ +	+	+ +	7	2.
Gesundheitszentrum	+ +	+ +	+ +	+ +	+ +	10	1.
Milchfarm	+	0	0	+	0	2	4.
Zentrum für Nähkurse	+ +	0	0	+	+	4	3.

Bewertungsskala von 0 bis + +

Abb. 8: "Innovation Assessment" der Frauen aus Gaza [nach: Report 1990:18]

7. Potentiale und Grenzen

Methoden und Techniken von PRA sind variabel, häufig lokal entwickelt und anpassungsfähig. Sie unterstützen partizipatives Planen und zielen auf eine Verlagerung von Entscheidungskompetenz auf die lokale Bevölkerung. Ursprünglich für den ländlichen Raum und im Rahmen explorativer Studien in der Planungsphase von Projekten entwickelt, werden sie heute erfolgreich in allen Phasen des Projektzyklus eingesetzt, wo Einstellungen und lokales Wissen von Bedeutung sind. Auch im städtischen Raum[18], ja sogar für das Studium von Organisationskulturen von Regierungs- und Nichtregierungsorganisationen[19] haben sie sich bewährt. PRA-Trainings-Workshops haben nicht nur für Projektangestellte aufklärende und kooperationsfördernde Effekte. Auch Regierungsangestellte

---

18 vgl. dazu allg. Moser 1989
19 vgl. Honadle 1979; Kievelitz/Reineke 1992; 1992a

waren nicht selten beeindruckt von der Kreativität der lokalen Bevölkerung und dem Ausmaß an lokalem Wissen, auf das sie im Rahmen solcher Workshops mit Feldaufenthalt in den "Problemgebieten" ihres Landes gestoßen sind[20]. Die in letzter Zeit so häufig beschworenen "Synergie"-Effekte solcher Veranstaltungen, besonders die soziale Sensiblisierung aller beteiligten Stellen, können nicht hoch genug bewertet werden.

Die beabsichtigten gruppendynamischen Prozesse im Rahmen von PRA wecken aber auch Hoffnungen und Erwartungen. Bleiben diese unbeantwortet, werden die dadurch ausgelösten Frustrationen sich zwangsläufig gegen das Projekt richten. Es ist deshalb unerläßlich, Trainings mit "Feld"erfahrung nur dort durchzuführen, wo Veränderungen tatsächlich gewünscht und ideell wie materiell unterstützbar sind und PRA als einen längerfristigen Prozeß der Zusammenarbeit mit diesen sozialen Gruppen zu verstehen.

Ein bisher wenig reflektiertes Problem ist, wie das Team mit Forderungen oder festgestellten Bedürfnissen umgehen sollte, die gegen eigene Ideale oder die Ideologie der Geberorganisationen verstoßen. Man denke nur an gegen ökologische Erwägungen gerichtete Wünsche nach Abholzung eines Waldstücks oder den Bau einer nach Meinung der Externen unsinnigen Teerstraße. Sollte solchen Forderungen grundsätzlich nachgegeben, oder sollten sie "ausgefiltert" werden, wie im Rahmen eines indischen Workshops vorgeschlagen wurde? Wichtiger/richtiger wäre es wohl, Partizipation als gleichberechtigte Beteiligung aller am Meinungsbildungs- und Entscheidungsprozeß herauszustellen und unterschiedliche Vorstellungen in Simulationen, Planspielen oder tatsächlichen Verhandlungen deutlich zu machen[21].

Bisher ebenfalls ungelöst ist die Frage, wie das methodologische Paradoxon von "Rapid" und "Relaxed" in der Praxis aufgelöst werden soll: Mancher Untersucher steht bezüglich des Schlüsselkonzeptes "der "Optimalen Ignoranz und angemessenen Ungenauigkeit" vor dem Problem, was er nun ignorieren soll, und wieviel Ungenauigkeit er zulassen darf, ohne sich wieder dem Vorwurf des ländlichen Entwicklungstourismus auszusetzen. Einen wohlmeinenden Kritiker ließ dies dann auch die Frage stel-

---

20 vgl z.B. Leurs 1989; FSRU 1991; Johansson/Hoben 1992
21 vgl. Bierschenk et al 1992:203-206 sowie andere Beiträge in diesem Band

len "..."how rapid is not slow enough" - wie rasch ist nicht langsam genug[22]? Hier liegen noch entscheidende Schwächen des handlungsorientierten PRA-Konzeptes.

Lokalen wie externen Fachleuten fällt es nicht immer leicht, ausgerechnet zur schlechten Jahreszeit zu den abgelegensten Orten unterwegs zu sein. Auch wollen viele sich nicht ohne weiteres zumuten, tage- oder wochenlang in Dörfern oder "Squatter"-Quartieren das Leben der Bewohner zu teilen. So wird manchmal schon die Suche nach geeigneten oder bereitwilligen Teammitgliedern zum Problem[23]. Außerdem müssen diese eine Mischung aus Empathie und Begeisterungsfähigkeit mitbringen, um auch Konfliktsituationen bestehen zu können. Denn trotz der "einfachen" Vorgehensweise kann ein solches Unternehmen weitaus nervenaufreibender, anstrengender und persönlich belastender sein als ein normaler Survey. Es bringt dafür aber auch wesentlich intensivere Begegnungen und, wie Teilnehmer immer wieder berichten, viele freudige und befriedigende Momente für beide Seiten.
Ein PRA steht und fällt mit der persönlichen und beruflichen Erfahrung derer, die es gestalten. Die Teilnehmer müssen mit den Schlüsselkonzepten vertraut sein und sie billigen. Sorgfältiges Training ist eine Grundvoraussetzung.

PRA kann mit seinem sensiblen, an den Einstellungen, Möglichkeiten und am lokalen Wissen der lokalen Bevölkerung ausgerichteten Instrumentarium zur Stärkung einer autozentrierten Entwicklung beitragen. Es kann ebensogut zur Schwächung solcher Kräfte eingesetzt werden[24]: Je besser die Handlungs- und Entscheidungsmuster und je genauer die tatsächlichen Machtstrukturen und Entscheidungsträger einer Gruppe bekannt sind, desto leichter können Externe ihre Absichten auch gegen den Willen von Betroffenen durchsetzen. Die Verantwortung der Untersucher wächst mit der Tauglichkeit der eingesetzten Mittel! PRA ist ein solches Mittel. Das Entscheidende an PRA sind deshalb nicht die veränderten Erhebungsmethoden, sondern eine veränderte innere Einstellung der Externen ihrer eigenen Rolle gegenüber (nur noch "Katalysator", nicht mehr "Betreiber" von Entwicklung zu sein), und die Bereitschaft, mit dem Partizipationsgedanken ernst zu machen.

---

22 Cernea 1990:12
23 vgl. zur richtigen Auswahl der Teammitglieder z. B. Grandstaff/Messerschmidt 1992
24 vgl. zum politischen Kontext von PRA z.B. Johnson 1991

8. Die Zukunft von PRA

PRA blickt zusammen mit seinem Vorgänger RRA auf eine knapp 15-jährige Entwicklung zurück und hat ein Stadium erreicht, wo es schier unmöglich geworden ist, über die Vielzahl der Techniken, Methoden und Einsatzbereiche einen umfassenden Überblick zu geben. Dadurch, daß die an der Entwicklung beteiligten Organisationen ihre Kenntnisse und Erkenntnisse in offenster Form mit allen interessierten Experten und Praktikern geteilt und in zahllosen Workshops weitergegeben haben, haben PRA-Ansätze eine weltweite Verbreitung erfahren.

Aus der Praxis geboren, ist der informelle, experimentelle und offene Charakter von PRA seine große Stärke. Er stellt ebenso seine Achillesferse dar. Schlecht gemacht, tragen die PRA-Ansätze zum Ausverkauf und zur Aushöhlung des Partizipationsgedankens bei. PRA ist auch nicht immer ein Ersatz für normale Surveys. Diese haben nach wie vor ihren Sinn, wo exakte Daten die Voraussetzung für Entscheidungen bilden. RRA oder PRA und Survey können sich ergänzen, wenn sie nacheinander geschaltet zur Fokussierung der Fragestellungen eines Surveys eingesetzt werden[25].

PRA ersetzt nicht die in der EZ dringend benötigten ethnograpischen Langzeitstudien und projektbegleitende Forschung. Ein Hinweis darauf ist die in letzter Zeit in diese Richtung tendierende Politik der Weltbank, deren Senior Social Policy Adviser nicht umsonst gewisse Vorbehalte gegen die Favorisierung eines reinen PRA-Ansatzes hegt[26]. Für die Zukunft angezeigt ist sicher ein auf klare methodologische Grundlagen aufgebautes Training. Training für Trainer ist deshalb eine der programmatischen Schwerpunkte für die kommenden Jahre[27]. Ein weiterer wünschenswerter Schritt ist die Umsetzung und Nutzbarmachung der innovativen und unkonventionell gewonnenen Erkenntnisse aus den verschiedenen Anwendungsfeldern von PRA für die sozialwissenschaftliche Theorienbildung, wie sie in einem Papier von Jamieson in Khon Kaen 1985 bereits skizziert wurde[28]. Erste Schritte in dieser Richtung wurden an australischen Universitäten schon unternommen[29]. Die Einbindung von PRA-Methoden in

---

25 vgl. Nagel et al. 1989
26 vgl. Cernea 1990 u. persönl. Mitteilung vom 20.8. 1992
27 vgl. dazu Pretty et al. 1992
28 vgl. Jamieson 1987
29 vgl. dazu: Checkland 1981; Russell/Ison 1991

die universitären Curricula hätte auch den Vorteil, daß vermehrt die Folgewirkungen von PRA-Einsätzen untersucht würden. Fallstudien zu PRA-Wirkungen bilden bisher leider die Ausnahme.

Auch wäre es sinnvoll, die einzelnen bei einem PRA eingesetzten Techniken nach den notwendigen Vorinformationen zu unterscheiden. Es gibt Techniken, die sich ohne lokale Kenntnisse in den ersten Tagen des Aufenthaltes einsetzen lassen. Dazu gehören zum Beispiel die Ortsbegehungen ("transects"). Andere benötigen wiederum eine profunde und intime Kenntnis lokaler Verhältnisse, z.B. lokaler Klassifikationsmuster, vorhandener Tabus oder lokaler Etikette. Dies gilt häufig beim Einsatz sog. "Ranking"-Techniken[30]. Im Rahmen einer ethnologischen Studie zum innerstädtischen Umzugsverhalten in einer indonesischen Stadt kam ein solches Ranking z.B. ganz bewußt erst nach einem halben Jahr Aufenthalt zustande. Über die Zeitbedingtheit von PRA-Techniken war aus der bisherigen Praxis nur wenig zu erfahren.

Ein weiterer Aufgabenbereich für die Zukunft ist das "scaling up": die Verbindung von lokalen PRA's zu partizipativer Regionalplanung und die Verbindung von PRA mit umfassender Landnutzungsplanung. Man denke beispielsweise an die Probleme der Konfliktlösung bei der Landnutzung zwischen Ackerbauern und Pastoralisten in Westafrika, die nicht allein auf dörflicher Ebene gelöst werden können.

Die wohl größte Herausforderung ist die Etablierung des PRA-Gedankens in den Organisationskulturen bürokratisch aufgebauter Entwicklungsorganisationen. Wo die Offenendigkeit, Flexibilität, Kreativität und Verschiedenartigkeit von PRA auf die normalen bürokratischen Tendenzen zu Standardisierung, Zentralisierung, und Top-down-Management trifft, bleibt von seinem partizipativen Grundgedanken nicht viel übrig. Lokale Nichtregierungsorganisationen (NGO's) haben deshalb bei der Übernahme der PRA-Idee gewisse Vorteile[31].

---

30 vgl. dazu Welbourn 1991:19;23 für Kastengesellschaften
31 vgl. dazu z.B. Thomas-Slayter 1992

II. PARTICIPATORY APPRAISAL (PRA) IM PROJEKTZYKLUS

PRA wurde im vergangenen Kapitel als Ansatz vorgestellt, mit dessen Hilfe Partizipation in der Planung und Durchführung von Entwicklungsprojekten verbessert werden kann. Mit seiner großen Flexibilität für die Analyse von Problem- und Konfliktfeldern ist PRA prinzipiell ein wirksames Instrument, um den Partizipationsanspruch in die Praxis umzusetzen.

Im Rahmen der Arbeit der Abteilung für "Sektorübergreifende städtische und Ländliche Programme" der GTZ wurde deshalb die Verwendung von RRA/PRA als Folgemaßnahme der konzeptionellen Arbeit über Partizipation angesehen. Diese Arbeit zeigt bereits zeitliche Punkte für die Verwendung von RRA/PRA im Projektzyklus auf.

Die verschiedenen Methoden und Instrumente von PRA, die in den folgenden beiden Kapiteln vorgestellt werden, können zu verschiedenen Stadien in der Programm- bzw. Projektvorbereitung und -durchführung eingesetzt werden. Es handelt sich dabei um:

1. die **Vorbereitungsphase,** in der das Kernproblem analysiert und definiert wird, zu dessen Überwindung ein Vorhaben beitragen soll;

2. die **Implementierungsphase,** in der Projektaktivitäten durchgeführt werden. Besonders bedeutsam ist die Nutzung von PRA-Verfahren innerhalb der sogenannten Orientierungsphasen zu Beginn eines Projektes oder Programmes, die im Laufe der letzten Jahre vor allem in Vorhaben der Ländlichen Regionalentwicklung an Bedeutung gewonnen haben;

3. die **Evaluierungsphase in Projekten,** wozu sowohl das projektinterne Monitoring als auch die externe Evaluierung gezählt werden können.

PRA läßt sich nicht nur gut in diese Phasen des Projektzyklus einbauen, sondern läßt sich auch problemlos mit den Standardinstrumenten des GTZ-Projektmanagements wie Zielorientierter Projektplanung, Monitoringsystemen oder der Projektfortschrittskontrolle verbinden. Es kann dazu beitragen, die Qualität dieser Instrumente in bezug auf die Beteiligung der Partner im Ablauf des Projektzyklus zu erhöhen.

1. PRA in der Vorbereitungsphase

Im Juli 1992 wurde ein neues Verfahren zur Projektidentifizierung und -planung zwischen dem Bundesministerium für Wirtschaftliche Zusammenarbeit und der GTZ eingeführt. Mit Hilfe dieses geänderten Verfahrens ist es seither möglich, die Prüfung von Projektvorschlägen einer Partnerinstitution flexibler als in der Vergangenheit durchzuführen. Die hauptsächlichen Alternativen sind:

- die traditionelle, meist mehrwöchige Projektprüfung
- die Beratung einer Partnerinstitution bei der Entwicklung eines stimmigen Projektkonzeptes und der Formulierung eines Förderantrags
- eine offene Orientierungsphase mit intensiver Situationsanalyse und umfangreicherer Entwicklung einer Projektkonzeption.

In all diesen Fällen können PRA-Methoden vorteilhaft dazu verwendet werden, ein besseres Verständnis der Problemsituation zu gewinnen, wobei besonders eher offene, exploratorische RRA/PRA's hilfreich sind. Im Fall der Orientierungsphase von sechs bis zwölf Monaten ergibt sich die ideale Situation für ein "heuristisch" angelegtes RRA. So können zum Beispiel die vorherrschenden Agro-Ökosysteme einer Region definiert und beschrieben werden; oder ein erster Überblick über die Defizite des öffentlichen Gesundheitssystems läßt sich erarbeiten.

Im Fall der Beratung einer Partnerinstitution kann ein "Rapid Organizational Appraisal (ROA)" dazu verwendet werden, deren wichtigsten Schwächen bei öffentlichen oder privaten Dienstleistungen aufzudecken. Beispielsweise könnte ein solches Verfahren die strukturellen und finanziellen Hindernisse bei der Dezentralisierung und der Stärkung von Local Governments aufzeigen. Dies könnte wiederum zu einen Projekt oder Programm führen, das einen Schwerpunkt in der Organisationsberatung und -entwicklung sieht. In solchen Fällen eignen sich "topical PRA's", also genau fokussierte Appraisals, die auf einen Schwerpunkt einer späteren Projektkonzeption gerichtet sind und zu einer partizipatorisch erarbeiteten Projektkonzeption führen.

2. PRA in der Implementierungsphase

In den verschiedenen Stadien der Projektdurchführung läßt sich die gesamte Vielfalt von RRA/PRA-Ansätzen und Instrumenten einsetzen: entweder als Alternative zu traditionelleren und oft problematischeren Methoden wie "baseline surveys" oder sozio-ökonomischen Studien; oder aber als zusätzlicher Schritt, wie bei der Verwendung eines RRA zur Fokussierung eines Farming Systems-Ansatzes.

Ein weiterer Aspekt ist die Anwendung von PRA's als Teil von Planung und Monitoring. Die Defizite der Zielorientierten Projektplanung (ZOPP) bezüglich der Einbeziehung der lokalen Bevölkerung sind in den letzten Jahren deutlicher geworden. Die gleichen Schwächen sind für den Monitoringprozeß nachweisbar, und Beispiele von partizipativem M+E sind selten. In beiden Fällen kann PRA dabei behilflich sein, den Ansichten der lokalen Bevölkerung oder lokalen Organisationen eine Stimme zu verleihen. Die PRA-toolbox (vgl. Kap. IV) bietet Hilfen für partizipative Planungs- und Konfliktlösungsveranstaltungen an, deren Ergebnisse wiederum in offizielle ZOPP-Workshops eingebracht werden können. In gleicher Weise sind in den letzten Jahren spezielle Methoden entwickelt worden, um Zielgruppenbeteiligung beim regulären Monitoring der Projektaktivitäten zu ermöglichen[32]. So können zum Beispiel Selbsthilfeorganisationen und NGO's dazu angeregt werden, die Qualität ihrer eigenen Arbeit und ihre funktionalen Probleme kritisch selbst zu evaluieren[33].

3. PRA in der Evaluierungsphase

Bei Evaluierungen können PRA-Methoden zur frühzeitigen Erlangung eines vertieften Problemverständnisses eingesetzt werden; gleichzeitig können sie die Beteiligung der lokalen Bevölkerung und Organisationen sti-

---

32 vgl. Donet et al. 1988; Gohl 1992
33 vgl. Stephens 1988

mulieren. Sogar im begrenzten Zeitraum einer Projektfortschrittskontrolle kann ein Teil-Team der Evaluatoren, verstärkt durch lokale Partner und Vertreter der Zielgruppe, eine Rapid Participatory Evaluation mit entsprechendem Problemfokus durchführen. Eine andere Alternative wäre ein PRA, initiiert durch das Projekt selbst unmittelbar vor der Ankunft einer Evaluierungsmission, um sowohl als Auto-Evaluierung zu dienen als auch einen Input für die BMZ- oder GTZ-Mission zu liefern.

In all diesen Fällen kann PRA einen sehr positiven institutionellen Nebeneffekt haben: es wirkt nämlich oft für Entscheidungsträger und Projektdurchführungspersonal augenöffnend hinsichtlich eines besseren Verständnisses der sozialen Wirklichkeit in der Projekt- oder Programmregion. Deshalb ist es immer sinnvoll, einige solcher politischen Entscheidungsträger oder Projektmanager an der Durchführung von PRA's zu beteiligen. Auf diese Weise kann ein solches Appraisal als "Exposure Programm" für Politiker, Administratoren und ausländische Berater dienen[34].

Einige wichtige praktische Überlegungen gilt es beim Einsatz von PRA's im Projektzyklus zu beachten. Zunächst ist die Frage der Themenstellung eines RRA oder PRA von entscheidender Bedeutung. Hierzu lassen sich einige Grundsätze formulieren: Zunächst benötigt jedes RRA oder PRA einen genauen Problemfokus. Die Haupt-Fragestellung sollte also immer klar sein und einen Wirklichkeitsbereich sinnvoll eingrenzen, auch bei heuristisch angelegten Appraisals. Besonders bei großen und komplexen Projekten oder Programmen sollte sich die Durchführung auf ein oder zwei wesentliche Bereiche konzentrieren. Ähnliches gilt für RRA/PRA-Einsätze zum Monitoring.

---

34 vgl. Chambers 1992c

Terms of Reference für eine solche Untersuchung sollten folgende Elemente enthalten:

- Erläuterung der Gründe der betreffenden Institution für die Durchführung der RRA oder PRA;

- Klare Definition der Problemstellung und der Zielsetzung des RRA oder PRA;

- Festlegung der Eingrenzungen des Appraisals (z.B. regional oder sozial) sowie der Aufgaben, Arbeitsbereiche etc., die die betreffende Institution nicht durchführen wird und die somit mögliche Ergebnisse eines RRA/PRA berühren können (z.B. "keine Durchführung von Projektmaßnahmen im Bereich materieller Infrastruktur");

- Hervorhebung der zu bearbeitenden wichtigen Teilbereiche des Appraisals (was jedoch keine ausschießliche Eingrenzung des Appraisals auf diese Bereiche bedeutet);

- Festlegung der methodischen Schwerpunkte des RRA oder PRA (z.B. Ranking-Techniken; Erhebung von indigenem Wissen; Planspiele, etc.);

- Festlegung der zu beteiligenden Personengruppen im Team (z.B. Vertreter des Local Government; lokale Händlerin(nen) etc.);

- Produkt, das am Ende des RRA oder PRA erstellt sein soll (z.B. Agrarökologische Zonierung; Abschlußbericht und Trainingsmanual für PRA etc.).

Eine weitere wichtige Überlegung zur Durchführung von RRA und PRA berührt die oft gestellte Frage: "Braucht man für die Durchführung Spezialisten?" Das erste Kapitel hat gezeigt, daß für eine professionelle Durchführung von RRA und PRA ein professionelles Wissen notwendig ist. Es ist deshalb in den meisten Fällen unabdingbar, mindestens einen externen Spezialisten zu rekrutieren, um die PRA-Durchführung für den speziellen Projektfall konzipieren zu helfen und bei den Beteiligten einzuführen, meist in der Form eines gezielten mehrtägigen Trainings. Inzwischen gibt es international eine Reihe von Organisationen, deren Dienstleistungen für solche Aufgaben genutzt werden können. Die Übersicht in Kapitel V soll dabei helfen, solches Beratungspersonal für den je-

27

weiligen Fall zu identifizieren. Hierbei können einige Fachleute aus den Planung-und-Entwicklungs-Abteilungen der GTZ ebenfalls behilflich sein; ihre Namen sind gleichfalls im Kapitel V aufgeführt. Es gibt allerdings bereits in vielen Ländern lokale RRA/PRA-Spezialisten in entsprechenden sozialwissenschaftlichen Institutionen oder NGO's des Landes. Es empfiehlt sich, (auch) auf diese Personalressourcen zurückzugreifen. Im Rahmen von PRA-Trainings- und Durchführungsveranstaltungen sollte stets auch die Chance genutzt werden, den einheimischen Consultingsektor in der Verwendung solcher Methoden zu schulen.

Die dritte Überlegung betrifft die Frage der Kosten eines PRA. Zwar sind bei dieser Frage relativ viele landesspezifische ebenso wie problemspezifische Variablen zu berücksichtigen, doch lassen sich einige Angaben über die Größenordnung der zu erwartenden Ausgaben machen. Die Übersicht auf der folgenden Seite stellt die wesentlichen Kostenarten zusammen, die budgetiert werden müssen, ebenso wie die üblicherweise zu erwartenden Größenordnungen für Personal und Material. Es wird daraus deutlich, daß ein gutes RRA/PRA ebenfalls seinen Preis (in finanzieller und zeitlicher Hinsicht) hat. In der Regel werden die Kosten aber weit unter den Kosten eines traditionellen Survey liegen. Zudem wird die Investition in ein gutes PRA durch den Zugewinn an Problem- und Konfliktlösungsorientierung und durch die Förderung von Partizipation gerechtfertigt sein.

Übersicht über Kostenarten eines PRA

Kostenart	Menge
1. Mitarbeitertraining	
* (internationaler) Trainer	2 Wochen x 1-2 Personen
* Mitarbeiterzeit	1 Woche x 6-8 Personen
* Unterbringung	1 Woche Miete
* Verpflegung	21 Mahlzeiten x 8-10 Personen
* Trainingsmaterialien	10 kopierte Ordner
* Transportkosten für in-situ Training	Benzin
2. Vorbereitung	
* Mitarbeiterzeit	2-3 Wochen x 1-2 Personen
* Material	Materialkosten
3. Durchführung des PRA	
* Mitarbeiterzeit	1.5 Wochen x 8 Personen
* Supervisionszeit	1 Woche
* Transportkosten	Benzin
* Unterbringung	1.5 Wochen Miete
* Verpflegung	30 Mahlzeiten x 8 Personen
* Material (Flipcharts, Karton, Papier, Karten etc.)	Materialkosten
* Hilfsdienste (Koch o.ä.)	1.5 Wochen x lokaler Lohn
4. Nachbereitung	
* Berichterstellung	1 Woche x 8-10 Personen + 1 Woche x 1-2 Personen
* Präsentationen (vor Ort; Administration)	2 Tage x 3 Personen
* Berichtskopie	Druckkosten

Diese Übersicht basiert auf den Erfahrungen im Rahmen einer Social Stratification Survey in den Philippinen (Kievelitz 1992a). RRA's in insgesamt 12 Streusiedlungen wurden weitgehend parallel durchgeführt, so daß die Supervision besonders wichtig wurde. Um für die lokale Bevölkerung in dem sehr verarmten Gebiet keine Belastung darzustellen, mietete jedes Team einen kleinen Raum im Dorf, verpflegte sich selbst und stellte dafür eine Köchin aus dem Dorf an.

III. VERSCHIEDENE METHODISCHE ANSÄTZE IN DER PRAXIS

1. Die gemeinsame Grundlage - ein historisch-chronologischer Aufriß

Die im folgenden kurz skizzierten Verfahren weisen Unterschiede auf, vor allem was den Partizipationsgrad und die verwendeten Techniken angeht. Sie greifen aber auf gemeisame Grundideen und einen gemeinsamen historischen Hintergrund zurück, dessen Entwicklungslinien zur besseren Einordnung der verschiedenen Ansätze hier kurz zusammengefaßt seien.

Der Transfer von Technologie im Rahmen der Grünen Revolution in den 60er Jahren hatte in heterogenen, ressourcenarmen und wenig erschlossenen Gebieten restlos versagt. Aus diesen Erfahrungen heraus entwickelte sich das Konzept des "Farming Systems Research" (FSR)[35]. FSR nahm die vorhandenen Betriebssysteme mit all ihren lokal bedingten Zwängen und ihren komplexen Problemstellungen zum Ausgangspunkt für die gewünschte Technologieentwicklung. Dabei bediente sich FSR anfänglich noch klassischer Erhebungsmethoden mit ihrer enormen Datenproduktion und dem Ansatz, "für Farmer" technologische Innovationen zu entwickeln. Wissenschaftler wie Paul Richards (1985) und Roland Bunch (1985) zeigten dagegen, daß Bauern in den Entwicklungsländern im Rahmen ihrer Subsistenzsicherung durchaus innovationsfreudig sind und auf ihren Feldern experimentieren. Die Bauern wurden in der Folge im Rahmen von "on-farm-trials" verstärkt aktiv in den Untersuchungsprozeß eingebunden. "Farmer First"[36] lautete die programmatische Devise dieses partizipatorischen Fokus innerhalb von FSR[37]. Wissenschaftler und Bauern arbeiteten nun gemeinsam im Rahmen eines "Participatory Technology Development" (PTD) an der Lösung angepaßter technologischer Fragen und griffen dabei auf indigene Wissenssysteme und die vorhandenen

---

35 vgl. Gilbert et al. 1980, Shaner et al. 1982, FSSP 1987
36 vgl. Chambers/Pacey/Thrupp 1989
37 vgl. auch Farrington 1988, Farrington/Martin 1988, Ashby 1990

Fähigkeiten der Farmer zurück[38]. Eine ähnliche Entwicklung läßt sich für den Bereich des "Action Research" nachzeichnen. Action Research ist ein in den 40er Jahren von Sozialpsychologen entwickelter "learning by doing"-Ansatz. Der Forscher gewinnt Einsichten in Gruppen- oder Wandelprozesse, indem er aktiv an Alltagsaktivitäten der Untersuchten teilnimmt oder diese bewußt beeinflußt. In Deutschland wurde "Action Research" Ende der 60er Jahre im Rahmen von Paolo Freires pädagogischem Ansatz der politischen Bewußtseinsbildung unterdrückter und benachteiligter Gruppen auf dem südamerikanischen Subkontinent bekannt[39]. Participatory Action Research (PAR) unterstützt ganz allgemein selbstbestimmte, autozentrierte Veränderungsprozesse[40] und ist z.B. seit Anfang der 80er Jahre ein wesentlicher Pfeiler des "Peoples Participation Programme" der FAO[41] .

Einen gehörigen Einfluß auf die Entwicklung von PRA-Ansätzen hatte auch die Ethnologie mit ihrer holistischen und auf längere Untersuchungszeiträume hin ausgerichteten Feldforschungsmethoden der teilnehmenden Beobachtung, mit der wichtigen Unterscheidung zwischen Innen- und Außensicht, der Betonung kulturell bedingter Wahrnehmungsfelder, lokaler Taxonomien und der Erschließung des Reichtums indigener Traditionen und indigenen Wissens[42].

Die ethnographische Herangehensweise findet ihren besonderen Niederschlag in den Ansätzen der "Rapid Assessment Procedures" (RAP)[43], und dem sog. "Rapid Ethnographic Assessment" (REA)[44]. Aber auch der "Beneficiary Assessment"-Ansatz der Weltbank[45] sowie die "Community Baseline Studies"[46] und der "Consultation and Popular Participation Approach"[47] von Development Studies Unit (DSU) in Schweden, stehen in dieser Tradition.

---

38 PTD spielt z.B. eine zentrale Rolle in der Arbeit von GATE oder ILEIA ; vgl. ILEIA 1988
39 vgl. Freire 1968
40 vgl. z.B. Zamosc 1986; Whyte 1991
41 vgl. Huizer 1991
42 vgl. z.B. Brokensha/ Warren/ Werner 1980
43 vgl. Scrimshaw/Hurtado 1987
44 vgl. Bentley et al. 1988
45 vgl Salmen 1987; 1992
46 vgl. Freudenthal/Narrowe 1991
47 vgl. Rudqvist 1991

Direkte Vorläufer von PRA waren die von Conway et al. in Thailand entwickelte Agroecosystem Analysis (AEA), die vor allem an der Instrumentenentwicklung entscheidend beteiligt war (transects, informal mapping, diagramming, innovation assessment) und natürlich Rapid Rural Appraisal (RRA), das sich in der Anwendung mit AEA überschneidet. Ihr Einsatz bietet sich auch heute noch an, vor allem wenn rasche Entscheidungen unabdingbar sind, wie z.B.in der Katastrophen oder Flüchtlingshilfe. Weitgehend deckungsgleich mit PRA sind die PALM-Methoden von MY-RADA in Indien[48].

---

48   vgl. RRA-Notes 13 u. 14

Methoden und Entwicklungslinien, auf die PRA direkt oder indirekt aufbaut.

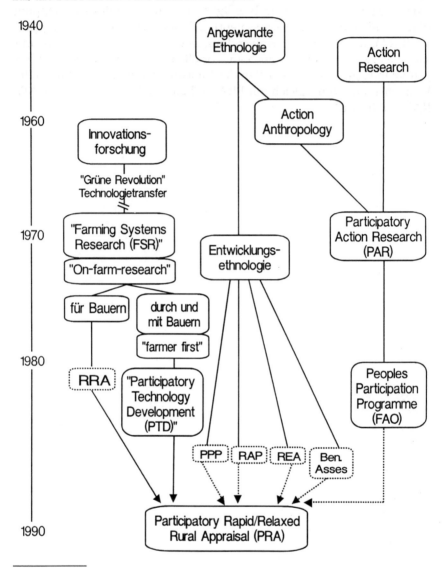

Legende:
RRA = Rapid Rural Appraisal
PPP = Popular Participation Programme (DSU)
RAP = Rapid Assessment Procedure (WHO)

REA = Rapid Ethnographic Assessment
Ben. Asses = Beneficiary Assessment
(Weltbank)

2. Wichtige Ansätze im tabellarischen Überblick

2.1 RAPID RURAL APPRAISAL (RRA)

Andere Bezeichnungen:
Low cost diagnostic methods; Rapid Appraisal for Rural Development; Diagnostic rapide d'exploitations agricoles; diagnostic rapide en milieu rural; (franz.)

Verwandte Verfahren:
Agroecosystem Analysis; Diagnosis and Design; Sondeo; Rapid (Rural) Reconnaissance; Rapid Organizational Appraisal

Ursprung/entwickelt von:
Verschiedenen Personen und Organisationen; Durchbruch auf der 1985 KKU-Konferenz in Thailand. Am dortigen FSR-Center wurde RRA schon mehrere Jahre eingesetzt. Grundlegend beeinflußt von R. Chambers (IDS, Sussex)

Erprobte Anwendungsgebiete:
Management natürlicher Ressourcen, Fischerei, Erziehung, Gesundheit und Ernährung, lokale Märkte. In der Zwischenzeit in allen bekannten Anwendungsgebieten erprobt.

Projektphase:
Alle (von Projektfindung bis Evaluation)

Verfahren:
Vgl. Kap. I, Einführung, Abschnitte 3 und 4

Besonderheiten:
Im Mittelpunkt stehen der Team-Gedanke (interdisziplinäres Team untersucht in täglich wechselnder Besetzung in einem überschaubaren Zeitraum vor Ort) und die Schlüsselkonzepte von RRA (Triangulation, Lernen von der Gemeinschaft, Optimale Ignoranz und angemesene Ungenauigkeit, Angepaßte Instrumente, Vor-Ort-Analyse und -Präsentation).

Akteure:
In erster Linie das interdisziplinär besetzte RRA-Team

Werkzeuge / Techniken:
Quellenanalyse; direkte Beobachtung; Ortsbegehungen; halbstrukturierte Interviews; Karten; jahreszeitliche Kalender; Block-, Säulen-, Fluß- und

Mengendiagramme; Entscheidungsbäume; Feststellung von Innovations-
bedürfnissen und -potentialen mittels Matrix; etc.

Beurteilung:
Eignet sich zur Einschätzung, Diagnose und Identifizierung ländlicher Si-
tuationen, besonders dann, wenn rasches und effizientes Handeln gefor-
dert ist (z.B. im Rahmen von Nothilfe); auch geeignet für eine erste Orientierung im Projektgebiet, zur Analyse eines speziellen Problems oder zur
Fokussierung von Fragestellungen und im Rahmen von Monitoring und
Evaluation. Mit einem "Top-down"-Management noch vereinbar; weniger
geeignet in partizipativen Gemeindeentwicklungsprogrammen

Publikationen:
a) theoretisch/grundlegend: Chambers 1980; KKU 1987; Mc Cracken/
Pretty/Conway 1988; Chambers/Pacey/Thrupp 1989; Grandstaff/ Messerschmidt 1992;
b)anwendungsbezogen/Fallstudie: KKU 1987; RRA Notes 1-16 and continuing

Kontakt:
IDS, England; KKU, Thailand (s. Index "Nützliche Netzwerkadressen")

2.2 DIAGNOSIS AND DESIGN

Ursprung/entwickelt von:
ICRAF: International Center for Research on Agroforestry, Kenya

Erprobte Anwendungsgebiete:
Agroforstwirtschaft; Watershed Management

Projektphase:
Vor allem Projekt- und Programmdesign

Verfahren:
Mehrphasiges Set von diagnostischen (informellen) Surveys und Planungsdiskussionen auf Dorf- und Organisationsebene, um Probleme und vorhandenes Wissen zu analysieren und einen Aktionsplan für die Gemeinschaft und die Forstwirtschaftler zu entwickeln

Besonderheiten:
Die diagnostischen Surveys sollen Informationen über Probleme und Entwicklungsmöglichkeiten erfassen, funktionale Systemzusammenhänge erkennen lassen, und die auf langfristige Sicht bestmögliche und sozial verträgliche Kombination aus einheimischen und externen Pflanzenspezies ermitteln (Nachhaltigkeit!).

Akteure:
Lokale Gruppen und Experten gemeinsam

Werkzeuge/Techniken:
"Minimum Data Sets"; Flußdiagramme zu sozio-ökonomischen Einflußbereichen und Abhängigkeiten natürlicher Ressourcen (Bäume; Wasser)

Beurteilung:
"Diagnosis and Design" ist im Grunde eine Anpassung des "Farming Systems Research and Extension"-Ansatzes auf die integrierte Agroforstwirtschaft.

Publikationen:
a) theoretisch/grundlegend: Raintree/Young 1983; Raintree 1986; 1987
b) anwendungsbezogen/Fallstudie: dito

Kontakt:
ICRAF, Kenya (s. Index "Nützliche Netzwerkadressen")

2.3 Agroecosystem Analysis (AEA)

Verwandte Verfahren:
Rapid Rural Appraisal

Ursprung/entwickelt von:
Conway et al. Anfang der 80er Jahre in Nordpakistan im Rahmen des Aga Khan Rural Support Programme (AKRSP)

Erprobte Anwendungsgebiete:
Auf allen Ebenen agrarischer Ökosysteme, also Systeme, in die der Mensch zur Nahrungs- oder Produktgewinnung eingreift. (Reis-, Weizenfeld, Bauernhof, Dorf, Tal, Einzugsgebiet, Distrikt, Land, Weltregion, Welt). Bevorzugte Untersuchungsebene ist das Dorf.

Projektphase:
In der Orientierungs- und Planungsphase

Verfahren:
Zuerst: Quellenstudium (secondary-data-review), dann: Feldaufenthalt, aus dem eine Serie von Agroökosystem-Diagrammen resultiert. Zeit: 2-3 Tage pro Dorf. Ein Set identifizierter Schlüsselfragen führt zu weiterer Forschung oder zu Entwicklungsaktivitäten.

Besonderheiten:
Erst die Kombination und systemische Vernetzung ökologischer und sozio-ökonomischer Prozesse schafft und bestimmt das Agroökosystem. Die Analyse der Diagramme führt zu einer Tabelle der wichtigsten Faktoren, die die Systemeigenschaften ("System properties") beeinflussen. Systemeigenschaften sind: 1. Produktivität (Netto-output eines bewerteten Produkts), 2. Stabilität der Produktivität unter normalen Bedingungen, 3. Belastbarkeit der Produktivität unter Streß und 4. Gerechte Verteilung der Produktion und Produktionsmittel.

Akteure:
Untersuchungsteam

Werkzeuge/Techniken:
Quellenanalyse; Diagramme (Karten, Ortsbeghungen, jahreszeitliche Kalender, Grafiken, Block-, Säulen-, Fluß- und Mengendiagramme; Entscheidungsbäume; Feststellung von Innovationspotentialen und -bedürfnissen mittels Matrix

Beurteilung:
AEA eignet sich in der Orientierungs- oder Planungsphase eines Projektes, um möglichst viele der ein Agroökosystem beeinflussenden Systemfaktoren natürlicher und menschlicher Art zu erfassen. Auch mögliche Konflikt- oder Kooperations- und Abhängigkeitsfelder lassen sich damit diagnostizieren.

Publikationen:
a) **theoretisch/grundlegend:** Conway 1985; 1986; Conway/Pretty/Mc Cracken 1987;
b)**anwendungsbezogen/Fallstudie:** Conway 1987; 1989; Conway/Sajise 1986; Conway/Mc Cracken/Pretty 1988

Kontakt:
AKRSP, India (s. Index "Nützliche Netzwerkadressen")

2.4 SONDEO

Ursprung/entwickelt von:
P.E. Hildebrand und Sergio Ruano am Instituto de Ciencia y Tecnologicia Agrícolas (ICTA) in Guatemala Ende der 70er Jahre

Erprobte Anwendungsgebiete:
Landwirtschaftliche Technologieentwicklung (im Rahmen von Farming Systems Research)

Projektphase:
Projektfindung; Planungsphase

Verfahren:
6-10 Tage Feldaufenthalte in wechselnden Gruppen (3-10 Vertreter verschiedener Disziplinen. Informelle Interviews; keine Fragebogen. Sich wiederholende Prozesse; gemeinsame Besprechungen nach jeder halb- oder ganztägigen Interviewsequenz. Diskussion und Festlegung weiterer Untersuchungsbereiche

Besonderheiten:
Die Multidisziplinarität und die wechselnden Teams erlauben eine maximale Ausnutzung des Wissens und der Perspektiven der Teilnehmer. Sondeo ist in vielen Bereichen anwendbar und eignet sich besonders zur Fokussierung formaler Erhebungen, aber auch zur ersten Orientierung eines Teams in einem Projektgebiet.

Akteure:
Untersuchungsteam

Werkzeuge/Techniken:
Einzel- und Kleingruppeninterviews, Transects und Feldbegehungen

Beurteilung:
für heuristische Aufgaben (Entdeckung von Problem- und Fragestellungen) im Bereich landwirtschaftlicher Produktionssysteme gut geeigneter Ansatz

Publikationen:
a) theoretisch/grundlegend: Hildebrand 1981; Hildebrand 1986; Hildebrand/Ruano 1982
b)anwendungsbezogen/Fallstudie: Hildebrand/Ruano 1982; Guerra 1992; Xon Cordova 1992

Kontakt:
ICTA, Guatemala (s. Index "Nützliche Netzwerkadressen")

2.5 RAPID RECONNAISSANCE APPROACH (RR)

Ähnliche Ansätze:
Rapid Organizational Appraisal (ROA)

Ursprung/entwickelt von:
George Honadle von Development Alternatives Inc. (DAI), als Arbeitspapier für Angestellte, die im Rahmen eines Technischen Unterstützungsauftrags für USAID arbeiteten, um Untersuchungen über die Organisations- und Verwaltungsstrukturen auf Zielgruppenebene (Bewässerungsgesellschaften) und Projektebene (integrierte Ländliche Entwicklungsprojekte) durchzuführen

Erprobte Anwendungsgebiete:
Zur Analyse von Organisationskulturen (bei Unternehmen, Verwaltungseinheiten, Basisorganisationen)

Projektphase:
Planungsphase; in der Beratung von Organisationen

Verfahren:
Interdisziplinäres Forscherteam (4-8 Personen; Betriebswirte, Psychologen, Soziologen, Ethnologen) untersucht 2-4 Wochen in kleinen face-to-face Gruppen mit einem heuristischen Ansatz zum Verstehen der jeweiligen Organisationskultur (vor allem qualitative Datenerhebung). Triangulation: 1. Durchsicht und Analyse vorhandener schriftlicher Quellen; 2. Gruppen- und vertrauliche Schlüsselinformanten-Interviews; 3. Direkte Beobachtung. In den Entwürfen zu Rapid Organizational Appraisal (ROA), einer neueren Entwicklung von RR, werden diese drei Schritte umgekehrt: 1. Beobachtung, 2. Dialog, 3. Quelleninterpretation.

Besonderheiten:
Neben der Triangulation und dem Teamgedanken (vgl. RRA) ist ein wichtiges Instrument das unaufdringliche Messen von Schlüsselindikatoren (der Untersucher schließt nach bestimmten Kriterien auf nicht direkt erfaßbare Phänomene. Wichtig ist auch der intensive Dialog mit den Mitarbeitern (bei RR mit der "Informal Delphi Technique" (Gruppendiskussionen zur Konsensfindung). RR eignet sich besonders zur Untersuchung von Organisationsstrukturen. Bei ROA führt das Verknüpfen von Indikatoren und Werthaltungen (holistische Interpretation) zur Modellerstellung der gesamten Organisationskultur; danach wird das Modell durch Dialog mit den Organisationsmitgliedern überprüft.

Akteure:
Die Teammitglieder

Werkzeuge/Techniken:
Messen von Schlüsselindikatoren (proxy indicators); Direkte Beobachtung; Quelleninterpretation; Dialog (Gruppen oder Schlüsselinformanten)

Beurteilung:
Besonders geeignet erscheinen RR bzw. ROA, wenn nur wenige Mittel zur Analyse zur Verfügung stehen und lediglich erste Informationen üder die Kultur einer Organisation gesammelt werden sollen. Gegenwärtig wird innerhalb der GTZ an einem Entwurf von TOR für ROA-Einsätze, an Anforderungsprofilen für ROA-Teammitglieder und der Weiterentwicklung der Konzeption in Richtung auf die Beratung der Organisationsentwicklung gearbeitet.

Publikationen:
a) theoretisch/grundlegend: Honadle 1979; Kievelitz/Reineke 1992; 1992a; Rosen 1991
b) anwendungsbezogen/Fallstudie: Honadle 1979

Kontakt:
Uwe Kievelitz OE 425, GTZ; Rolf-Dieter Reineke, OE 403, GTZ

2.6 PARTICIPATORY RAPID / RELAXED / RURAL APPRAISAL (PRA)

Andere Bezeichnungen:
Méthode Accéleré de Recherche Participative (MARP); Diagnostica Rural (Rapido) participativo

Ähnliche Ansätze:
Participatory Learning Methods (PALM); Participatory Assessment, Monitoring and Evaluation (PAME)

Ursprung/entwickelt von:
Parallele Entwicklungen am National Environment Secretariat (NES) in Kenya und dem Aga Khan Rural Support Programme in Indien um 1988

Erprobte Anwendungsgebiete:
In allen bisher bekannten Anwendungsgebieten erprobt

Projektphase:
Alle: von partizipativer Projektfindung (Participatory Assessment) bis zu partizipativer Evaluation (Participatory Evaluation)

Verfahren:
Vgl. Kap. I, Einführung, Abschnitte 6-7

Besonderheiten:
PRA konzentriert sich auf die Interessen lokaler Gemeinschaften und die Stärkung ihrer Entscheidungskompetenz und fordert veränderte Einstellungen des Externen gegenüber seiner Rolle in der Untersuchung (nur Katalysator für, nicht mehr Betreiber von Entwicklung zu sein). Im Mittelpunkt steht das Lernen von, mit und durch die Gemeinschaftsmitglieder und deren selbstbestimmte Entwicklung.

Akteure:
Die beteiligten Gruppen eines Stadtviertels oder Dorfes zusammen mit den Externen

Werkzeuge/Techniken:
Alle in dieser Broschüre (s. Kap. IV) erwähnten Techniken, die die beteiligten Gruppen aktiv miteinbeziehen

Beurteilung:
PRA-Ansätze lassen sich am besten im Rahmen gemeindebezogener partizipativer Programm- oder Projektansätze umsetzen. Durch ihre Flexibilität, Partizipativität und Offenendigkeit versprechen sie vor allem Er-

43

folge innerhalb solcher Organisationsstrukturen, die nicht durch ein Top-down"-Management behindert sind. Lokale Nichtregierungsorganisationen haben dabei gewisse Vorteile.

Zu Potentialen und Grenzen sowie Zukunft von PRA vgl. Abschnitte 8 und 9 der Einführung.

Publikationen:

a) theoretisch/grundlegend: Chambers 1992; 1992b; NES 1989; 1991; Theis/Grady 1991

b)anwendungsbezogen/Fallstudie: Guijt 1992; Guijt/Neejes 1991; Heaver 1992; Mascarenhas et al. 1991; NES 1991; Theis/Grady 1991

Kontakt:

Chambers (IDS), Brighton; MYRADA, Bangalore; IIED, London

2.7 PARTICIPATORY LEARNING METHODS (PALM)

Ursprung/entwickelt von:
MYRADA, Bangalore (Indien) um 1989 (eine Nichtregierungsorganisation, die seit 1968 in rund 2000 Dörfern in Südindien in der ländlichen Entwicklung tätig ist)

Erprobte Anwendungsgebiete:
Partizipatives Planen natürlicher Ressourcenentwicklung auf dörflicher Ebene; partizipatives Projektmanagement und integrierte ländliche Entwicklungsprogramme zu Gesundheit, Armutsminderung, Situation der Frauen und Kinder; ländliches Kreditmanagement; Bräuche und lokale Konfliktregelung; partizipatives Impact Monitoring und Assessment von Entwicklungsprogrammen.

Projektphase:
Projektidentifizierung - Monitoring

Verfahren:
Am PALM-Training nehmen rund 25-30 Externe teil und es dauert in der Regel 5 Tage. 1. Tag (einführende Studien): Geschichte des Dorfes, Lageplan, Infrastruktur. 2. Tag: (einfache Explorative Studien gemeinsam mit allen Dorfbewohnern, die bereit sind mitzumachen) Ressourcen, Lebensumstände, Trends, Vorlieben. 3. Tag (Komplexe Explorative Studien): Saisonabhängigkeiten; Einkommensverteilung mit Ranking-Techniken; Klassen und Kastenstratifizierung, Konflikte, deren Gründe und Auswirkungen etc. 4.Tag (Zusammenführung): gemeinsames Prioritätenlisting; Festlegung von Verantwortlichkeiten für Aktivitäten. 5. Tag (Schluß): Operationsplan, Dokumentation

Besonderheiten:
PALM benutzt die RRA-Schlüsselkonzepte, betont aber die Partizipation der Dorfbewohner und die Funktion der Externen als Katalysator und Partner für eine selbstbestimmte Entwicklung. PALM will über das "appraisal" hinaus zu einer partizipativen Analyse und einem gemeinsamen Verständnis ländlicher Verhältnisse kommen. Das Lernen von und mit der Bevölkerung steht im Mittelpunkt.Um keine falschen Erwartungen zu wecken, werden PALM-Trainings nur in Orten durchgeführt, an denen schon Entwicklungsprojekte stattfinden oder geplant sind.

Akteure:
Alle zur aktiven Mitarbeit bereiten Dorfbewohner zusammen mit den Externen

Werkzeuge/Techniken:
Vor allem Geographical and Historical Transects, Participatory Mapping; Seasonality Diagramming, Ranking and Scoring, aber auch die anderen bekannten RRA/PRA-Techniken[49].

Beurteilung:
Die PALM-Dorfstudien sind mit 25-30 Externen relativ stark besetzt. PALM in dieser Form ist auf indische Verhältnisse zugeschnitten. Die Menge und die Tiefe der in der kurzen Zeit erhobenen Zusammenhänge sprechen dafür, daß die Externen mit den lokalen Verhältnissen und soziokulturellen Strukturen grundsätzlich vertraut sein müssen.

Publikationen:
a) theoretisch/grundlegend: Mascarenhas 1992
b) anwendungsbezogen/Fallstudie: Mascarenhas et al. 1991

Kontakt:
MYRADA, Bangalore (s. Index "Nützliche Netzwerkadressen")

---

49 vgl. für eine Zusammenstellung Mascarenhas et al. 1991

2.8 PARTICIPATORY ACTION RESEARCH (PAR)

Ähnliche Ansätze:
Action Research; Aktionsforschung; Participatory Monitoring and On-going Evaluation (PMOE)

Ursprung/entwickelt von:
Action Research entstand als akademische Disziplin der Sozialpsy-chologie Ende der 40er Jahre in den USA. Bekannt wurde Action Research durch Paolo Freires pädagogischen Ansatz der politischen Bewußtseins-bildung benachteiligter Gruppen auf dem südamerikanischen Subkonti-nent. Der Participatory Action Research wurde in sozialwissenschaftli-chen Kreisen Südamerikas entwickelt und wird seit Anfang der 80er Jahre in den People Participation-Programmen der FAO eingesetzt.

Erprobte Anwendungsgebiete:
Gemeindeentwicklung und bäuerliche Organisationen, Erwachsenen-bildung, v.a. zur Bewußtseinsbildung und Mobilisierung in Graswurzel-bewegungen.

Projektphase:
In der Projektfindungsphase; bei der Beratung lokaler Gruppen hinsicht-lich der Planung und Implementierung konkreter selbsttragender Klein-projekte, hinsichtlich der Identifizierung von konfligierenden lokalen In-teressen und strukturellen Widersprüchen und hinsichtlich der politi-schen Umsetzbarkeit artikulierter Bedürfnisse; als PMOE auch im ge-meinschaftlichen Prozeß von "Monitoring und Evaluation"

Verfahren:
PAR ist ein "learning by doing"-Ansatz, bei dem der Forscher sein Wissen in den Dienst lokaler Gruppen stellt. Vom Aktionsforscher wird verlangt: Bewußtheit über die eigene Begrenztheit und Wertbezogenheit; Bereit-schaft zur Empathie und Teilnahme an den Problemen und Bedürfnissen der lokalen Bevölkerung; Kenntnis über ihre Geschichte und ihre poli-tisch-ökonomische Lage. Danach steigt der Aktionsforscher in den Dialog mit den lokalen Gruppen ein und sucht gemeinsam mit ihnen in Klein-gruppendiskussionen nach Lösungen für ihre Probleme.

Besonderheiten:
Untersuchungen zu Abhängigkeitsbeziehungen auf lokaler, nationaler und internationaler Ebene sollen Lösungswege für benachteiligte Grup-pen aufzeigen, im Spannungsfeld verschiedener strategischer Gruppen unabhängiger und verhandlungsfähiger zu werden.

Akteure:
Lokale Bevölkerungsgruppen zusammen mit den Aktionsforschern

Werkzeuge/Techniken:
Auswertung von offiziellen und lokal erhältlichen Quellen; Soziale Stratifizierungstechniken; Gruppeninterviews; Konfliktlösungsstrategien

Beurteilung:
PAR hat sich besonders bei der gemeinsamen Aufdeckung und Behandlung von Gruppenkonflikten im Interesse einer Mobilisierung der Lokalgruppen für ihre eigenen Interessen bewährt.

Publikationen:
a) **theoretisch/grundlegend:** Hoskins 1986; Huizer 1989; Whyte 1991;
b)**anwendungsbezogen/Fallstudie:** Dunn/McMillan 1991; Huizer 1989;

Kontakt:
The East/West Centre, Hawai; FAO, Rome; G. Huizer, Cathol Univ. NL 6500 Nijmegen, Holland

2.9 PARTICIPATORY ASSESSMENT, MONITORING AND EVALUATION (PAME)

Ursprung/entwickelt von:
FAO (Rom)/SIDA (Stockholm) 1988 in Kenia im Rahmen ihres "Forests, Trees and People Participation Programme"

Erprobte Anwendungsgebiete:
Agroforstwirtschaft auf kommunaler Ebene; ist modifiziert auch für alle anderen Gebiete (Gesundheitsversorgung, Bewässerungssystem-Management, Fischerei, Ernährungsfragen etc.) anwendbar

Projektphase:
Am besten zu Beginn eines Projektes/Programmes (participatory assessment), aber auch zur partizipatorischen Datenerhebung (participatory baseline) sowie in der Steuerung (Participatory Monitoring) und am Ende von Projektphasen (Participatory Evaluation)

Verfahren:
Das Konzept von PAME besteht aus drei Teilen, mit deren Hilfe Partizipation in Projekten erreicht werden soll: Neue Ideen (Externe ermutigen die Gemeinschaft, ihre eigenen Antworten zu finden), Neue Methoden (gemeinsames Bestimmen der relevanten Information), Neue Techniken (keine Technik wird angewandt, ohne vorher an die lokalen Verhältnisse angepaßt worden zu sein).

Besonderheiten:
Ziel des gesamten Prozesses ist die weitgehende Verlagerung der Entscheidungskompetenz auf die lokale Bevölkerung in allen Projektphasen. PAME zielt bewußt nicht auf völlige Übereinstimmung in der "Ziel"bevölkerung, sondern auf die Stärkung der Kooperationsbereitschaft zwischen vorhandenen Gruppen. FAO/SIDA haben ein reich illustriertes, didaktisch aufgebautes "Anwenderhandbuch" entwickelt, geeignet für alle Projektbeteiligten (insiders und outsiders), die den PAME-Ansatz gemeinsam in die Praxis umsetzen wollen (s.u.).

Akteure:
Entscheidungsträger bei PAME sind die "insiders", also diejenigen, die der lokalen Gemeinschaft angehören. Die externen Projektangestellten ("outsiders") ermutigen und unterstützen sie dabei nach Kräften.

Werkzeuge/Techniken:
Das Handbuch "The community's toolbox" (FAO 1990) bietet eine Auswahl von 23 Techniken, wie sie auch in anderen PRA-Ansätzen verwandt werden, die aber so modifiziert sind, daß sie allesamt von der lokalen Gemeinschaft selbst eingesetzt werden können.

Beurteilung:
Durch das anschauliche Handbuch mit der griffigen Darstellung von Idee, Methode und Techniken bietet PAME einen hervorragenden Einstieg für alle Praktiker, die den PRA-Gedanken in ihre Arbeit einbringen wollen. Die Einfachheit und Eingängigkeit der Darstellung und der handbuchartige Charakter sollten allerdings nicht zur Vorstellung verleiten, PAME sei ohne die Mithilfe von in partizipativen Verfahren geschulten Personen zu initiieren.

Publikationen:
a) theoretisch/grundlegend: FAO 1990
b) anwendungsbezogen/Fallstudie: dito

Kontakt: (Resource Persons)
Marilyn Hoskins/ Augusta Molnar/Carla Hogan-Rufelds. FAO/SIDA Forest, Trees and People Programme

2.10 ETHNOGRAPHISCHE ANSÄTZE

Miteinander verwandte Ansätze:
Beneficiary Assessment (BA): World Bank;
Rapid Assessment Procedure (RAP): UNICEF;
Community Baseline Studies (CBS):DSU, Schweden;
Rapid Ethnographic Assessment (REA): John Hopkins Universität

Ursprung/entwickelt von:
Der Beneficiary Assessment-Ansatz wurde von L.F. Salmen 1987 in einer Weltbankpublikation (Salmen 1987) entworfen und befindet sich zur Zeit in der praktischen Erprobungsphase (Salmen 1992; n.d.). Die "Rapid Assessment Procedure" wurde im Rahmen der Ernährungssicherungs- und Basisgesundheitsprogramme von UNICEF entwickelt (Scrimshaw/Hurtado 1988) und fand über die Universitäten der Vereinten Nationen rasche Verbreitung. Mit dem "Community Baseline Studies"-Ansatz arbeitet die Development Studies Unit (DSU) der Universität von Stockholm im Rahmen ihrer staatlichen Beratungsaufträge (Freudenthal/Narrowe 1991). "Rapid Ethnographic Assessment" umfaßt einen unter der Leitung der John Hopkins-Universität, Baltimore, entwickelten Ansatz rascher ethnographischer Erhebungsmethoden, die im Rahmen des "Dietry Management of Diarrhea (DMD)"-Programms, einem interdisziplinären Forschungsprojekt in Peru und Nigeria, zum Einsatz kamen[50].

Erprobte Anwendungsgebiete:
BA und CBS für alle bisher bekannten Anwendungsgebiete auf "Community"-Ebene. REA und RAP vor allem im Bereich Basisgesundheitsversorgung und Ernährungssicherung

Projektphase:
Vorwiegend in den frühen Projektphasen; am sinnvollsten einzusetzen, wenn gesellschaftliche Strukturen und Prozesse sowie soziokulturelle Rahmenbedingungen (soziokulturelles Setting) den Fokus der Untersuchung bilden, z.B. im Rahmen sog. "Baseline-Studies"

Verfahren:
Gemeinsam ist diesen Ansätzen die ethnographische Methode der "teilnehmenden Beobachtung" über längere Zeiträume, mit dem dadurch gewonnenen Verständnis und der Einsicht in die komplexen Sachverhalte

---

50 Bentley et al. 1988

51

lokaler sozialer Strukturen. Teamgedanke und Grad der Partizipation sind in den einzelnen Ansätzen unterschiedlich ausgeprägt (z.b. kein ausdrücklicher Teamansatz bei BA und CBS).

Besonderheiten:
Die ethnographischen Ansätze vermitteln einen wesentlich fundierteren und vollständigeren Einblick in lokale Zusammenhänge als normale PRA/RRA-Verfahren. Längere Untersuchungszeiträume und die Beteiligung des Externen am Alltagsleben der lokalen Bevölkerung ermöglichen es, Prozesse und Interaktionen zu verfolgen und einen Einblick in alltägliche, auch unter der Oberfläche wirksame Strukturen zu gewinnen. Ethnographische Ansätze erhöhen die Fähigkeit zur interkulturellen Kommunikation auf beiden Seiten, wenn sie für die kulturelle Übersetzungs- und Vermittlungsarbeit eingesetzt werden.

Akteure:
Die Externen, die sich am Alltagsleben der lokalen Gruppen für einen gewissen Zeitraum beteiligen.

Werkzeuge/Techniken:
Quellenstudium; Gebrauch von Schlüsselindikatoren; Halbstrukturierte Interviews mit Schlüsselinformanten und Gruppen; Direkte Beobachtung und Beobachtungsprotokolle; Ranking-Techniken; Teilnehmende Beobachtung (selbstreflektierende Teilnahme an Alltagsverrichtungen und -ereignissen); Dokumentation materieller, sozialer, rechtlicher und verwandtschaftlicher Verhältnisse; tägliche Feldnotizen

Beurteilung:
Ethnographische Ansätze eignen sich hervorragend, wenn genügend Zeit vorhanden ist, d.h. rasche Ergebnisse und Handlungsorientierung keine Priorität haben. Sie sind dann die beste Alternative. Sie greifen in ihrem Untersuchungsfokus tiefer und umfassender auf das kulturelle Erbe und das lokale Wissen zurück. Sie können helfen, Strukturen aufzudecken, die sonst nicht erkannt werden, da über sie nicht gesprochen wird (z.B. verdeckte Machtverhältnisse, Rolle der Frauen, "unsichtbare" soziale Sicherungssysteme, funktionsfähige Überlebensstrategien, unterschiedliche Wahrnehmungssysteme, mit der lokalen Tradition verbundene "eigenlogische" Begründungs- und Entscheidungszusammenhänge, etc.). Die Vorteile dieser Ansätze liegen in der ausgeprägten Zuhör- und damit Lernorientierung des Externen für lokale Zusammenhänge ("Listen to the People"). Schwächen sind die in der Regel geringe Teamorientierung (keine unterschiedlichen Blickwinkel und Erfahrungshintergründe) und die

nur indirekte Partizipation der lokalen Bevölkerung (die Entscheidungskompetenz in der Informationssammlung und Auswertung verbleibt
letztendlich beim Forscher). Ergebnisse produziert der Forscher meist erst
nach dem Feldaufenthalt. Weniger geeignet scheinen ethnographische
Methoden bei raschem Handlungsbedarf (Ausnahme REA).

Publikationen:
a) theoretisch/grundlegend: BA: Salmen 1987; 1992; n.d.(1992); CBS: Freu-
denthal/Narrowe 1991; Rudqvist 1991; REA: Bentley et al. 1988; RAP:
Scrimshaw/Hurtado 1988
b)anwendungsbezogen/Fallstudie: BA: Salmen 1987; CBS: Freudenthal/
Narrowe 1991; REA. Bentley et al. 1988; RAP: Scrimshaw/Hurtado 1988;

Kontakt:
BA: vgl. Institutionenverzeichnis (Kap. V) "World Bank"; CBS: ebd.;
"DSU"; REA: Margret E. Bentley; Dept. of International Health, The John
Hopkins University, School of Public Health and Hygiene, Baltimore, Ma-
ryland, U.S.A. RAP: vgl. Institutionenverzeichnis "Video zu Scrimshaw/
Hurtado")

IV. DIE RRA / PRA-TOOLBOX: EINE AUSWAHL WICHTIGER UNTERSUCHUNGSINSTRUMENTE

1. Allgemeine Bemerkungen

Eine Gemeinsamkeit aller Institutionen, die RRA und PRA-Ansätze in den letzten Jahren in ihrer Arbeit verwendet haben, ist das sorgfältige Testen vorhandener Untersuchungstechniken, deren Anpassung an neue Einsatzbereiche und bei Bedarf die Einführung von neuen Instrumenten. Es gibt deshalb bewährte und weniger erprobte Instrumente, allgemein verwendbare und auf bestimmte lokale Verhältnisse beschränkte. In der folgenden Auflistung werden solche Techniken vorgestellt, die entweder schon seit längerem in verschiedenen Kontinenten und kulturellen Kontexten erprobt, oder wegen ihrer Variabilität für verschiedenste Einsatzbereiche verwendbar sind. Dabei muß folgendes vorausgeschickt werden:

1. Die Darstellung der beschriebenen Techniken beschränkt sich auf ihre wichtigsten Merkmale. Um sie in der eigenen Arbeit einsetzen zu können, sollte vorher die angegebene Literatur konsultiert werden.

2. Der Einsatz einzelner RRA/PRA-Untersuchungstechniken macht aus einer Untersuchung noch kein PRA. Die Techniken sind Hilfsmittel, um handlungsrelevante Informationen in einem partizipativen Prozeß zu erheben und zu analysieren. Erst im Rahmen der in der Einleitung erläuterten Schlüsselkonzepte werden sie zu einem integrativen Teil von PRA.

3. Entscheidend ist der Charakter der Triangulation. Die Techniken werden nacheinander und miteinander kombiniert in einem interaktiven Prozeß eingesetzt. Ein Beispiel aus dem RRA-Bereich - hier das Erstellen einer Ressourcenkarte - soll dies erläutern[51]:

---

51 vgl. Grandstaff/Messerschmidt 1992:10

Erster Schritt: Das Team erstellt aufgrund vorhandener Luftbilder ("aerial photographs") des Projektgebietes eine einfache Basiskarte mit den wichtigsten Ökosystem-Einheiten.

Zweiter Schritt: Durch eigene Beobachtungen ("direct observation") vor Ort wird die vorhandene Information verifiziert und ergänzt.

Dritter Schritt: Durch Befragung von Bewohnern wird die Karte um lokale Ortsbezeichnungen und weitere lokale bzw. übersehene Informationen ergänzt.

Vierter Schritt: Die daraus resultierende Karte dient als Grundlage für gemeinsame Ortsbegehungen ("transects"), in denen die räumliche Verteilung der wichtigsten lokalen Ressourcen mit den Bewohnern diskutiert und festgehalten werden.

Fünfter Schritt: Diese Ressourcenkarte findet dann Verwendung in Gesprächen ("semistructured interviews") mit Schlüsselinformanten (key-informants) oder bestimmten lokalen Gruppen (group interview with specialists, focus groups, neighbourhood etc.).

2. Erprobte RRA/PRA-Untersuchungsinstrumente

(in Klammern: englische Bezeichnungen)

---

1. Sekundärquellen-Analyse
(secondary data-review; review of secondary sources)

Dazu gehören:
Projektdokumente, wissenschaftliche Dokumente, Ergebnisse früherer Untersuchungen, Jahresberichte, Statistiken, topographische, geomorphologische und Satelliten-Karten oder sonstige offizielle und nichtoffizielle Unterlagen, aber auch Reiseliteratur, Zeitungsartikel und andere "Zeit" dokumente.

Verfahren:
Sekundärquellen sind schon vorhandene, publizierte oder nichtpublizierte Daten zum Untersuchungsgegenstand. Die Dokumente sollten bei staatlichen Stellen, Universitäten, Bibliotheken, Entwicklungsagenturen, Vermarktungsgesellschaften usw. eingesehen und ausgewertet wer-

den. Die gewonnenen Erkenntnisse sollten zu einer kleinen Dokumentation mit schriftlichen Zusammenfassungen, Kartenkopien und Photographien führen, die dem RRA/PRA-Team als erster Bezugsrahmen für die
Arbeit vor Ort dienen kann.

Zeitpunkt:
Die Dokumentation sollte vor dem Feldaufenthalt durch die Teamleiter
zusammengestellt werden, nachdem die grundlegenden Unter-
suchungsfragen mit dem Auftraggeber und den betroffenen Gruppen ab-
gesprochen worden sind.

Anwenderhinweise:
Verwenden Sie nicht zuviel Zeit auf die Bearbeitung von Sekundärquellen. Sie wollen als Lernender, nicht als Wissender zu den Leuten
kommen.

Literaturhinweise:
allg.: McCracken/Pretty/Conway 1988; zur Auswertung von Satelli-
tenphotos: Carson 1987; Tips zum Training: Theis/Grady 1991:47.

**2. Festlegung von Schlüsselbereichen und Verwendung
von Schlüsselindikatoren**
(using proxy-indicators; unobtrusive measurement; key-indicators)

Verfahren:
RRA und PRA benutzen unaufdringliche qualitative Messinstrumente zur
Operationalisierung wichtiger Phänomene. Mit Hilfe von Schlüsselfragen
werden die zentralen Problem- und Untersuchungsbereiche festgelegt.
Danach wird ein Untersuchungsplan erstellt, der auch schon Untersuchungstechniken für einzelne Untersuchungsbereiche festlegt. Für nicht
direkt beobachtbare Phänomene (z.B. Fragen der politischen und sozialen
Struktur) werden Kriterien festgelegt: das Verhältnis zwischen Subsistenz-
und Cash Crop-Produktion, der Zugang zu Ressourcen (Geräte, Landbe-
sitz/Landpacht), Familiengröße und -zusammensetzung. Einige dieser
Kriterien, wie z.B. Wohlstand, können über einfach zu beobachtende Indikatoren "gemessen" werden: die Wohnsitutation über den Zustand der
Hausdächer, die verwendeten Baumaterialien und/oder die geogra-
phische Lage (Stadtviertel, Rand-, Zentrallage). In partizipativen Ansätzen werden diese Einschätzungen mittels sog. spielerischer "Ranking/Ra-

ting/Sorting"-Techniken durch die lokalen Gruppen selbst vorgenommen (s. dort).

Zeitpunkt:
Vor Beginn und in einem frühen Stadium des Feldaufenthaltes, um Schlüssel-Untersuchungsbereiche festzulegen, bestimmte Gruppen (z.B. "die Bedürftigsten") im Dorf oder Viertel ausfindig oder soziale Phänomene "beobachtbar" zu machen.

Anwenderhinweise:
Die richtige Verwendung von Schlüsselindikatoren erfordert viel Übung. Training ist unabdingbar.

Literaturhinweise:
Rudqvist 1991:7; Theis/Grady 1991

---

3. Halbstrukturierte Interviews
(semi-structured interviewing; non-standardized, less structured, non-directive interview; guided interviewing)

Dazu gehören:
- Community Interviews
- Gruppeninterviews (household-/group-interviews and discussions; focus group sessions)
- Schlüsselinformanteninterviews (key informant interviews)
- Einzelinterviews (individual respondents)
- Interviewsequenzen (sequencing and chains of interviews)

Verfahren:
Das halbstrukturierte Interview ist das wichtigste Instrument in RRA und spielt auch bei PRA eine wichtige Rolle. Dieser Interviewtyp hat keine vorher festgelegte Struktur. Es wird lediglich ein Gesprächsleitfaden mit 10-15 Schlüsselfragen vorgegeben. Neue Fragenkomplexe können sich aus den Antworten der Befragten ergeben, die auch selbst Fragen stellen können. Themen werden verfolgt wie sie auftauchen.

Zeitpunkt:
In allen Phasen des Feldaufenthaltes, beginnend nach der Festlegung von Schlüssel-Untersuchungsbereichen und Schlüsselindikatoren

Anwenderhinweise:
Interviewpartner müssen sorgfältig ausgewählt werden, ebenso Ort und Zeit des Interviews (meist in vertrauter Umgebung im Haus oder auf dem Feld - jedoch nicht zu Tageszeiten, in denen das Interview den Arbeitsablauf des/der Interviewten empfindlich stören würde). Die Interviews sollten in der Regel mindestens zu zweit durchgeführt werden, wobei eine Person nur protokolliert. Beginnen Sie die Gespräche mit den traditionellen Begrüßungen. Stellen Sie sich vor. Geben Sie alle notwendigen Hintergrundinformationen über die Absichten des Interviews, die Intentionen des Auftraggebers und die Ziele der Untersuchung. Zeigen Sie, daß Sie gekommen sind, um etwas zu lernen. Beginnen Sie die Fragen mit etwas Greif- oder Beobachtbarem. Benutzen Sie die sechs "W"-Helfer: Wer?, Warum?; Was?; Wo?; Wann? und Wie?. Verwenden Sie "was wäre wenn..."?-Fragen ("key probes"): "Nehmen wir einmal an, meine Ziege dringt in Ihren Garten ein und frißt Ihr Gemüse, was würden Sie tun...?"

- **Gruppeninterviews** können mit zufällig getroffenen Personen (an einem Marktstand, im Kaffeehaus...) oder mit systematisch ausgewählten Gruppen (Geschlecht, Alter, Berufsgruppen usw.) durchgeführt werden. Dabei sollte die Zahl überschaubar sein (nicht mehr als 8-10), damit alle zu Wort kommen können.

- **Bei Community-Interviews** wird die ganze Dorf- oder Stadtviertelbevölkerung eingeladen, um Informationen und Ideen zur Planung, Implementierung und Evaluierung von Entwicklungsprojekten zu sammeln.

- **"Focus-Group"-Interviews** sind eine von Soziologie und Sozialpsychologie entwickelte Sonderform des Gruppeninterviews mit gezieltem Problem"fokus". Wesentlich ist dabei der Kommunikationsprozeß, der durch die Einhaltung einer Reihe von einfachen Regeln (homogene Gruppe von 6-10 Personen ohne persönliche Abhängigkeitsverhältnisse, freiwillige Teilnahme, neutraler Diskussionsort, neutraler Moderator u.a.) erreicht werden soll. Das "Focus Group"-Interview wird zur Erkundung von Einstellungen und Wertvorstellungen der Teilnehmer in der Marktforschung ebenso erfolgreich eingesetzt wie in der Gesundheits- und Familienplanung, inzwischen aber auch in Beratung und Selbsthilfeförderung im Rahmen ländlicher Regionalentwicklung.

- **Bei Schlüsselinformanteninterviews** werden bestimmte Personen befragt, die für verschiedene Perspektiven und Kategorien (Gruppen, Positionen, Funktionen bezüglich Projektaktivitäten) repräsentativ oder typisch sind, und die notwendigen Informationen zu einer bestimmten Fragestellung geben können. Eine Interviewsequenz umfaßt mehrere nacheinander geführte Interviews mit Personen, die in verschiedene Schritte eines Prozesses (z.B.Vermarktungsweg eines Produkts) eingebunden sind.

Literaturhinweise:
allgemein: FAO 1990:104f; Friedrich 1986 (GTZ); Grandstaff/Messerschmidt 1992:13; Limpinuntana 1987; Pretty et al. 1992a; Rudqvist 1991:13-29. Tips zum Training: Theis/Grady 1991:52-60.

Community-Interview: Kumar 1987; 1987a; Rudqvist 1991:23-26.

Focus group-Interview: Folch-Lyon/Trost 1981; Görgen 1992; Kumar 1987:13ff; Rudqvist 1991:18-22.

Schlüsselinformanteninterview: Rudqvist 1991:13-17; Kumar 1987; Kumar 1989;

---

4. Beobachtungstechniken

Dazu gehören:
- Direkte Beobachtung (direct observation; informal observation)
- Teilnehmende Beobachtung (participant observation)

Direkte Beobachtung

Verfahren:
Beinhaltet intensive und systematische Aufnahme beobachtbarer Phänomene und Prozesse in ihrer natürlichen Umgebung. Die direkte Beobachtung sollte in der Regel mit Schlüsselinformanten-Interviews auf ihre Richtigkeit hin überprüft werden ("cross-checking"). Auch Tonbänder, Kameras und Notizbücher sind nützliche Hilfsmittel, die allerdings nie ohne die Zustimmung der Betroffenen, bei partizipativen Ansätzen von ihnen selbst, eingesetzt werden sollten. Die gewonnenen 'Daten' sollten systematisch geordnet und in Form von "Transekten", "Jahreszeitlichen Kalendern" (s. dort), usw. präsentiert werden.

Zeitpunkt:
Zu jeder Zeit während des Feldaufenthaltes - Tag und Nacht!

Anwenderhinweise:
Direkte Beobachtung muß so unaufdringlich wie möglich geschehen. Bei der Mitnahme von Kameras oder anderer Ausrüstung zu offiziellen Anlässen müssen vorher die Erlaubnis eingeholt und die Aufnahmen gegebenenfalls entsprechend vergütet werden.

Literaturhinweise:
Galt 1987; Honadle 1979; Rudqvist 1991:27-29. Tips zum Training: Theis/Grady 1991:49ff.

Teilnehmende Beobachtung / aktive Teilnahme
(participant observation; do-it-yourself)

Verfahren:
Ein zentrales Ziel der teilnehmenden Beobachtung ist es, durch die Teilnahme an den Alltagsprozessen die Perspektive der lokalen Gemeinschaft verstehen und teiweise sogar einnehmen zu lernen. In der ethnologischen Forschung mit ihrer holistischen Perspektive geschieht dies in der Regel durch einzelne Forscher über längere Zeiträume. Auf Projekte bezogen, zeigen Erfahrungen (z.b. bei der DSU, Stockholm, aber auch der GTZ), daß ein begrenzter Untersuchungsfokus bei der Vertrautheit des Forschers/der Forscherin mit dem Terrain auch schon nach 2-3 Monaten vielversprechende Ergebnisse zeitigen kann. Wichtigstes Dokumentatikonsinstrument sind die abendlichen Feldnotizen, in denen alle Gesprächsergebnisse, Beobachtungen und Eindrücke des Tages notiert werden.

Zeitpunkt:
In allen Projektphasen, in denen nicht akuter Handlungsbedarf besteht, sondern ein tieferes Verständnis soziokultureller Zusammenhänge die Grundlage für Entscheidungen bilden soll

Anwenderhinweise:
Innerhalb von PRA sollte auf den Erfahrungsschatz und die "geschulten Sinne" von Sozialwissenschaftlern/Ethnologen mit längerer Feldforschungserfahrung zurückgegriffen werden. Auch zur Vorbereitung eines PRA eignet sich eine fokussierte Feldforschung.

Literaturhinweise:
Rudqvist 1991:37-42; Salmen 1987; Kap. III.2. dieser Broschüre "ethnographische Ansätze".

5. Konstruktion von Diagrammen, Karten und Modellen

Dazu gehören:
- Transekte (transects: Systematische Ortsbegehungen und daraus resultierende Querschnitts-Karten)
- Jahreszeitliche Kalender (seasonal calendar)
- Zeittafeln und Historische Trends (timelines, historical profiles, timetrends)
- Karten zu Sozialer Struktur, sozialen Beziehungen und Entscheidungsprozessen (social mapping, decision trees, chapati/venn diagrams)
- Modelle (models)
- andere Anwendungen

Diagramme bzw. Karten dienen der Planung, gemeinsamen Diskussion und Analyse von Informationen im Team oder zusammen mit Gemeinschaftsmitgliedern. Sie sind mit Stiften auf Papier und Folien ebenso zu entwerfen wie mit Samen, Steinen oder Stöckchen auf dem Boden und zählen deshalb zu den gebräuchlichsten und variabelsten Instrumenten innerhalb von PRA. Gemeinsam entworfene Modelle geben auch weniger wortgewaltigen Gemeinschaftsmitgliedern die Möglichkeit, an Lösungswegen für Probleme mitzuarbeiten.

Transekte
(transects; transect walks; transect analysis; cross-section mapping/drawing)

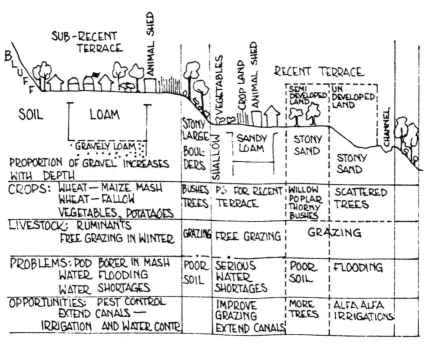

Abb. 9: Transekt eines Dorfes in Nordpakistan [aus: Mascarenhas 1992:12]

Verfahren:
In RRA die wichtigste Technik neben dem halbstrukturierten Interview. In PRA mit wechselndem Erfolg eingesetzt[52]. Das Untersuchungsgebiet wird mit Informanten zusammen systematisch durchschritten (z.B. von Nord nach Süd/Ost nach West; oder vom höchsten zum tiefsten Punkt). Alles, was einem begegnet/auffällt und von Informanten erwähnt wird, wird diskutiert und notiert. Die Transekte führen zu einfachen Karten, die verschiedene Mikro-Zonen/Einheiten (z.B. Hang/Ebene; Wald/Feld/

---

52 vgl. z.B. Guijt 1992

Dorf), Landnutzungseinheiten (natürliche Böden und Bewuchs, kultiviertes Land) sowie deren Problembereiche voneinander unterscheiden (Belastung, Tragfähigkeit, Erosionsgefährdung usw.). Ausgehend von der aktuellen Karte können im Gespräch mit Schlüsselpersonen (meist ältere Leute) auch historische Transekte ("historical transects") entworfen werden, die den Zustand vor 10, 20 oder 30 Jahren zeigen.

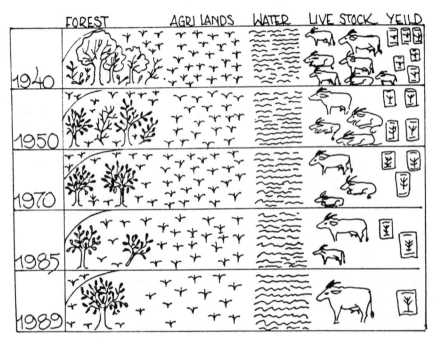

Abb. 10: Historisches Transekt, von Bewohnern des Dorfes Ardanarypura gezeichnet [aus: Mascarenhas 1992:13]

Zeitpunkt:
In der ersten Phase des Feldaufenthaltes (historische Transekte entsprechend später)

Anwenderhinweise:
Transekte haben sich im ländlichen Bereich für eine erste Orientierung und Problemerkundung bewährt. Im städtischen Raum sind sie weniger aussagekräftig. Transektkarten sollen bewußt generalisieren. Allzu detaillierte Information sollte vermieden werden. Ungefähre Entfernungsangaben sind hilfreich. Die ausgewiesenen Mikrozonen sollten zumindest auf

folgende Fragen Antwort geben: Böden, bebautes/unbebautes Land, Anbaufrüchte, Problembereiche, Perspektiven/Entwicklungsmöglichkeiten.

Literaturhinweise:
Conway 1989 (Diagramme); Mascarenhas 1992; Anwendertips: Theis/Grady 1991:56-89.

Jahreszeitliche Kalender
(seasonal calendar, seasonality diagramming)

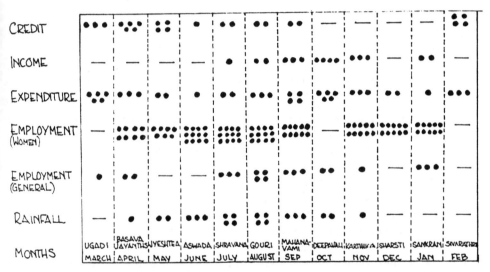

Abb. 11: Jahreszeitlicher Kalender, erstellt mit Hilfe von Samen von Bewohnern des Dorfes Basapura [aus: Mascarenhas 1992:15]

Verfahren:
Der jahreszeitliche Kalender basiert auf Interviews und Gruppendiskussionen. In ihm werden relativ komplexe Zusammenhänge zwischen natürlichen jahreszeitlichen Zyklen (Regenzeiten, Temperatur) und ihre Auswirkung auf menschliche Bereiche in einem einfachen Schaubild von untereinander angeordneten Grafiken gemeinsam dargestellt. So werden z.B. Zusammenhänge sichtbar zwischen Klima, Krankheitshäufungen

65

bei Mensch, Tier und Pflanzen, Fruchtfolgen, Preisentwicklungen für cash crops, monatlicher Arbeitsaufwand für Feldarbeit, Anteil der Lohnarbeit bei Männern und Frauen usw.

Zeitpunkt:
Mit den Interviews kann schon früh begonnen werden. Danach werden die Ergebnisse gemeinsam in der Gruppe diskutiert.

Anwenderhinweise:
Verwenden Sie neben einer 12er oder 18er-Monatsskala (z.B. Juni-Mai oder Juni des einen Jahres bis Dezember des nächsten) auch lokale jahreszeitliche Einteilungen. Sammeln Sie quantitative Information auf qualitative Weise. Für den monatlichen Arbeitsaufwand bietet sich z.B. folgendes Frageschema an: "Welches ist Ihr arbeitsintensivster Monat? Welche Arbeiten verrichten Sie da? Welches ist der nächstintensivste Monat? Was gibt es da zu tun? Was würden Sie sagen, ist in diesem Monat 3/4, die Hälfte, nur ein Viertel der Arbeit zu tun, wie im ersten?" Wiederholen Sie den Vorgang für die vier arbeitsreichsten Monate. Gehen Sie in gleicher Weise für die vier arbeitsärmsten Monate vor und vergleichen Sie dann die vier mittleren Monate miteinander.

Vergleichen Sie Aussagen aus den Interviews und vorhandene statistische Quellen miteinander, und diskutieren Sie etwaige Unterschiede innerhalb der Gemeinschaft, bis ein Konsens sichtbar wird. Bestehen Sie nicht auf der "Richtigkeit" Ihrer Statistik.

Wie das Beispiel aus dem Gazaprojekt in Kapitel I gezeigt hat, lohnt der jahreszeitliche Kalender nicht immer den Aufwand. Sein Nutzen ist, wie andere Instrumente auch, abhängig von der jeweiligen Fragestellung.

Zur Quantifizierung durch die Bewohner selbst dienen am besten Samen, kleine Früchte, Steine etc., die am Boden entsprechend ausgelegt werden. Holzstöckchen können in verschiedener Länge gebrochen werden um relative Längen oder Höhen anzugeben (z.B. als Säulendiagramme). Auf diese Weise ist es durchaus möglich, den ganzen jahreszeitlichen Kalender mit Hilfe lokaler Quantifizierungsmethoden zu konstruieren.

Literaturhinweise:
FAO 1990:103; Mascarenhas 1992:15; Mascarenhas et al. 1991 (Abb. 15-20 photogr. Illustrationen); NES 1991:35-41; Anwendertips: Theis/Grady 1991:90-94

Zeittafeln und historische Trends
(timelines, historical profiles, timetrends)

Jahr	Ereignisse
1856	Gründung des Dorfes
1856	Bau der Moschee
1931	1. große Flut im Dorf
1940	Masern im Dorf
1941	1. große Zirkumzision (männlich & weiblich)
1943	2. große Flut im Dorf
1949	Ausbruch von Meningitis
1967	Bau der zentralen Moschee
1967	Feuersbrunst im Dorf
1980	Erneute Feuersbrunst - 2 Gehöfte zerstört

Abb. 12: Zeittafel des Dorfes Dobang Kunda/Gambia (gekürzt)
[aus: ActionAid/IIED 1992:26]

Verfahren:
Zeittafeln und historische Trends dienen der einfachen Visualisierung von historischen Schlüsselereignissen und wahrgenommenen, einschneidenden Veränderungen (z.B. in Bezug auf Ressourcen und Faktoren wie Bodenerosion, Bevölkerungsentwicklung, klimatische Veränderungen). Diese historischen Ereignisse und die daraus resultierenden Erfahrungen beeinflussen die aktuellen Entscheidungen der ansässigen Gruppen oft in wesentlicher Weise. Für Außenstehende ist es wichtig, dieses Wissen und diesen Erfahrungshintergrund zu berücksichtigen, wenn sie lokale Entscheidungsprozesse bezüglich gewünschter Aktivitäten verstehen wollen.

Zeitpunkt:
Die Erstellung lokaler Zeittafeln und historischer Trends sollte in jedem Fall vor der Diskussion möglicher Projekt/Programm-Aktivitäten und Innovationsmöglichkeiten abgeschlossen sein. In partizipativen Ansätzen haben sie sich auch als Einstieg ("icebreaker") in den PRA-Prozeß bewährt.

Anwenderhinweise:
Zeittafeln und Trends werden in Gruppendiskussionen entwickelt. Bei allen Ereignissen, die bei den Leuten zu veränderten Haltungen geführt ha-

ben, sollte nach den vorgenommenen Lösungen gefragt, und bei Fehlschlägen alternative Lösungswege diskutiert werden.

Literaturhinweise
NES 1991:25-34.

Karten zu Sozialer Struktur, sozialen Beziehungen und Entscheidungsprozessen
(social mapping, decision trees, chapati/venn-diagrams)

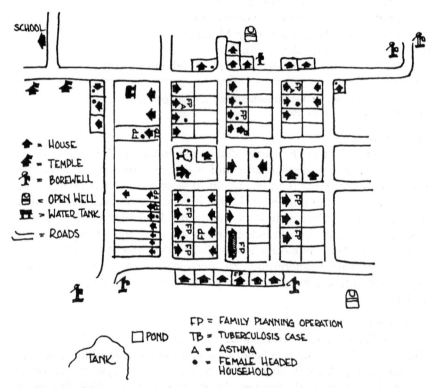

Abb. 13: Social Mapping; Karte zur sozialen Struktur des Dorfes Ramenahally, gezeichnet von Dorfbewohnern
[aus: Mascarenhas 1992:14]

Verfahren:

Karten zur sozialen Struktur eines Dorfes oder Viertels geben über Wohnstrukturen und -verhältnisse, öffentliche Infrastruktur (Straßen, öffentliche Einrichtungen, Wasserversorgungsstellen etc.) sowie die soziale Situation der Haushalte Auskunft (chronische Krankheitsfälle, Unterernährung bei Kindern, Einbeziehung in öffentliche Programme, Haushalte mit Alleinstehenden etc.).

Zum "social mapping" gehören auch Soziogramme. Sie zeigen die Beziehungssysteme, in die bestimmte Personen eingebunden sind. Diese können verwandtschaftlicher, geschäftlicher oder anderweitiger Natur sein. Soziogramme dienen zum Verständnis von Entscheidungsprozessen und gegenseitigen Abhängigkeiten. Zur Darstellung der Beziehungssysteme bieten sich Flußdiagramme (Diagramme mit Pfeilen), manchmal auch sog. "chapati"- bzw. "venn"-Diagramme an. In diesen Schnittmengendiagrammen läßt sich die Verknüpfung verschiedener, miteinander in Verbindung stehender Schlüsselinstitutionen oder -personen in Gemeinschaften oder Organisationen darstellen, und damit auch deren Wichtigkeit in Entscheidungsprozessen. Entscheidungsprozessverläufe lassen sich mit Flußdiagrammen darstellen, die sich an den Entscheidungspunkten zu unterschiedlichen Optionen verzweigen (engl.: decision trees, vgl. McCracken/Pretty/Conway 1988:44ff).

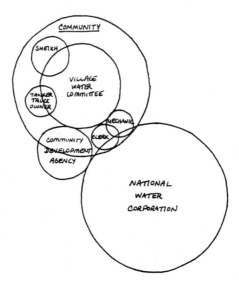

Abb. 14: Schnittmengendiagramm zur Darstellung der Kontrolle der Wassernutzung auf Dorfebene [aus: Theis/Grady 1991:116 (Sudan)]

Zeitpunkt und Anwenderhinweise:
Karten, die über die soziale Infrastruktur Auskunft geben, können relativ frühzeitig erstellt werden, da für sie Beobachtung und offizielle Informationen meist ausreichen. Karten zu sozialen Beziehungssystemen und zu Entscheidungsprozessen erfordern eine intime Kenntnis der Lokalsituation. Sie berühren telweise auch persönliche Bereiche der Betroffenen. Sie dienen zwar dem Untersuchungsteam zum besseren Verständnis sozialer Zusammenhänge, sind aber in partizipative Ansätze nur bedingt integrierbar.

Literaturhinweise:
Mascarenhas/Kumar1991; Mascarenhas 1992 (social mapping); Limpinuntana 1987, McCracken/Pretty/Conway 1988:44ff (decision trees); Theis/Grady 1991:112ff (flow diagram, venn diagram).

Modelle

Verfahren:
Das Erstellen maßstäblicher Modelle hat sich als besonders hilfreich erwiesen, um auch solche Gemeinschaftsmitglieder am Entscheidungsprozeß mitwirken zu lassen, die sonst wenig oder nicht zu Wort kommen. Ein besonders gelungenes Beispiel für den Einsatz von Modellen stellt das Projekt Dalifort dar, ein Pilotprojekt, das 1986 in einem Dreiecksdialog zwischen Weltbank, senegalesischem Wohnungsbauministerium und der

Zeichnung: Ibrahima Fofana

Abb. 15: Partizipatives Planspiel am selbstgebastelten Modell [aus: E+Z, 1992, 11:15]

GTZ in einem Barackenviertel Dakars initiiert wurde. In einer Art Planspiel unter Zuhilfenahme eines mit "Schere. Leim und Papier" erstellten Quartiermodells wurden die Bewohner in die Lage versetzt, eine preisgünstige Sanierung ihres Viertels gemeinsam zu planen, über Aktionen zu entscheiden und die Kosten selbst zu verantworten.

Zeitpunkt:
meist in der zweiten Hälfte oder gegen Ende des Feldaufenthaltes. wenn es um das Planen von Aktionen und Veränderungen geht.

Anwenderhinweise:
Modelle entstehen selten ohne äußere Mithilfe, sie sollten allerdings auch nicht "zu gut" vorbereitet werden. Die Modelle sollten groß genug (min. 2x3 m) und mit einfachsten, am besten lokalen Materialien herzustellen sein. Greifen Sie in die Entscheidungsprozesse während der Herstellung nicht ein. Regen Sie an, Modelle auch für den Zustand vor 20, 30 oder 50 Jahren zu entwerfen. Bewahren Sie die Modelle so lange wie möglich auf, damit sie in die Diskussionen immer wieder eingebracht werden können.

Literaturhinweise:
Gibson 1991; Mascarenhas/Kumar 1991; Voigt-Moritz 1991 (zum Projekt Dalifort; vgl. auch seinen Artikel in E+Z 33.1992,11)

Andere Anwendungen

Neben den genannten Beispielen gibt es immer neue Formen von Diagrammen. Stellvertretend erwähnt seien hier nur die im Kapitel 1 (Gaza-Projekt) vorgestellten "Mobility Map" (Theis/Grady 1991:83-85) und "Daily Routine Diagram" (Theis/Grady 1991:103-106) sowie analytische Diagramme zum Lebensunterhalt (z.B. zu monatlichen Ausgaben, Einkommensquellen, Haushaltsmitglieder, Nutztierbesitz[53].

---

53 Theis/Grady 1991:107-111).

6. Ranking-/Rating-/Sorting-Techniken (Analytische Spiele)

Dazu gehören:
- Präferenz- Ranking
- Paarweises Ranking/Komplexes Ranking
- Matrix-Ranking
- "Wealth" Ranking/Soziale Stratifizierung

Ranking/Scoring-Techniken sind analytische Instrumente, mit deren Hilfe wichtige Probleme, Präferenzen, aber auch "harte Daten" wie Einkommen oder Wohlstand einzelner Gemeinschaftsmitglieder qualitativ erhoben werden können. Durch die Bitte um relative Bewertung oder Einschätzung ("B verdient mehr als ich, C weniger als ich, aber mehr als D usw.") kann auf direkte Fragen ("Wieviel verdienen Sie?") verzichtet werden. Ranking-Ergebnisse unterstützen Interviews und Gruppendiskussionen. Sie sind auch bei Entscheidungsprozessen in der Gruppe (welche der möglichen Optionen ist uns die wichtigste, welches die zweitwichtigtse etc.) von Nutzen. Ranking-Techniken sind viel in der kognitiven Ethnologie verwendet worden[54].

Zeitpunkt:
Rankings zur Nutzung von Ressourcen (präferierte Früchte, Bäume) oder Aktivitäten in jeder Phase des Aufenthaltes, Rankings zu Personen (soziale Daten) erst in der zweiten Hälfte.

Anwenderhinweise:
Lassen Sie die Leute bei der Erstellung der Rangfolgen auf ihre eigene Weise vorgehen. Benutzen Sie die lokalen Meßeinheiten, und Namen. Schauen Sie, ob Sie lokale Spiele (z.B. Brettspiele) für die Rankings einsetzen können. Seien Sie geduldig und nicht zwingend. Der spielerische Charakter sollte immer im Vordergrund stehen.

Präferenz-Ranking

Verfahren:
Mit Hilfe des Präferenz-Rankings lassen sich Problembereiche oder Vorlieben einzelner Bewohner rasch bestimmen und mit den Einschätzungen anderer vergleichen. Ob es sich nun um die Reihung von Lieblingsgerich-

---

54 vgl. Weller, Romney 1988

```
              EXAMPLE OF PREFERENCE RANKING

          CONSTRAINTS TO AGRICULTURAL PRODUCTION

                        Respondents           Total
      Problem          A B C D E F            Score    Ranking
      -------------------------------------------------------------
      Drought          5 5 3 5 4 5             27         a
      Pests            4 3 5 4 5 4             25         b
      Weeds            3 4 4 1 3 3             18         c
      Costs of inputs  2 1 2 2 2 2             11         d
      Labor shortage   1 2 1 3 1 1              9         e
      -------------------------------------------------------------
      5 = most important, 1 = least important
```

Abb. 16: Präferenz-Ranking von Problemen der landwirtschaftlichen Produktion
[aus: Theis/Grady 1991:69]

ten oder die Hauptprobleme in der landwirtschaftlichen Produktion handelt, durch die Vergabe von Wertungen (z.B. bei 5 Gerichten/Problemen: 5=am liebsten/wichtigsten, 1= am wenigsten schmackhaft/ unbedeutendsten) lassen sich die Präferenzen erheben.

Anwenderhinweise:
Die nach ihrem Rang einzuschätzenden Einheiten oder Gegenstände lassen sich am besten durch ein Brainstorming sammeln (nicht mehr als fünf oder sechs), oder auch durch vorherige Interviews mit Schlüsselinformanten. Anschließend nimmt jeder einzelne auf Papier oder die Gruppe gemeinsam die Einordnung vor. Bei prozeßorientierten Themen kann es interessant sein, die Rankings zum Ende des Feldaufenthalts zu wiederholen und Veränderungen in den Auffassungen der Teilnehmer zu diskutieren.

Paarweises Ranking/Komplexes Ranking

Beim paarweisen Ranking werden höchstens fünf oder sechs ausgewählte Typen auf Karten festgehalten und dem Interviewten paarweise zur Präferierung (z.B. ist mir lieber/stellt ein größeres Problem dar) vorgelegt, bis alle möglichen Kombinationen durchgespielt sind. Der Interviewte wird auch gebeten, seine Entscheidung in einem Satz zu begründen. Die Ergebnisse werden in eine entsprechende Tabelle übertragen. Ein Beispiel für das Vorgehen beim komplexen Ranking findet sich bei den Anwenderhinweisen zum Jahreszeitlichen Kalender (5b).

Anwenderhinweise:
Beim Verwenden echter Stücke statt Karten (z.B. Obst) auf gleichen Qualitätszustand achten. Legen Sie das Ergebnis der Tabellenauswertung der interviewten Person vor und lassen Sie sie das Ergebnis ihrer Einschätzung überprüfen, gegebenenfalls nochmals korrigieren.

Matrix-Ranking

Beim Matrix-Ranking wird eine Klasse von Objekten (z.B. verschiedene Baumarten) mit verschiedenen Kriterien (tauglich als Feuerholz, zum Bauen, der Früchte wegen, als Medizin, wegen des Schattens etc.) verknüpft und von "gut geeignet (5)" nach "schlecht geeignet (1)", bewertet.

	COBBLER	TAMARIND	LEAF PLATE	CUSTARD APPLE	BRICK MAKING	FIREWOOD	PONGEMEA
TIME CONSU.	•••	•••	•••	•••	•••	••	••
PROFITS	•••••	••••	•••	•••••	••••	••	•
LABOUR	•	••	•	•	••••	•	
LOAN	••	—	—	—	—	—	—
HARD WORK	••	••	••	•••	••••	••••	••

STAFF: ELIAS
SURESH
PADMOVATH

PARTICIPARTS: P. LAKSHMINARAYANA
KRISHNAPPA
GANGULAMANA
GANGOJAMANA

Abb. 17: Matrix-Ranking, durchgeführt von Frauen aus einem nordpakistanischen Dorf, nach zuvor von ihnen ausgewählten Kriterien. [aus: Mascarenhas 1992:16]

Wealth Ranking/Soziale Stratifizierung

Example of Wealth Ranking Scoring Table

Household Number	A	B	Scorer C	D	Average Score	Wealth Groups
39	20	20	11	25	19	richest
33	20	20	11	25	19	
14	20	20	22	25	21	a
40	20	20	22	25	21	
16	20	40	22	25	26	
12	20	20	44	25	27	
18	20	40	33	25	29	b
28	20	40	33	25	29	
24	40			25	32	
41	20			50	35	
21	20	40	56	25	35	
46	20	40	56	25	35	
42	20	40	44	50	38	
30	20	60	56	25	40	
8	20	40	56	50	41	c
9	20	40	56	50	41	
37	40	40		50	43	
31	40			50	45	
22	20	60	56	50	46	
15	40	40	56	50	46	
27	20	60	56	50	46	
17	20	60	67	50	49	
23	40	60	56	50	51	
36	40	60	56	50	51	
47	40	60	67	50	54	
11	40	60	67	50	54	d
20	40	80	67	50	59	
4	40	60	67	75	60	
43	40	60	67	75	60	
6	40	60	67	75	60	
38	20		67	100	62	
19	40	60	78	75	63	
32	40	60	89	75	66	
35	60			75	67	
25	40	80	89	75	71	e
10	40		78	100	72	
7	60	80	89	75	76	
45	80	40	100	100	80	
48	60	80	89	100	82	
44		80	67	100	82	
5	60	100	89	100	87	
2	60	100	89	100	87	
13	80	80	100	100	90	f
3	60	100	100	100	90	
34	60	100	100	100	90	
26	80	80	100	100	90	
1	80	100	89	100	92	
29	100	100	100	100	100	poorest
# of wealth categories	5	5	9	4	5	

Abb. 18: Ein Wealth-Ranking in der tabellarischen Auswertung
[aus: Theis/Grady 1991:75]

Wealth Ranking ist eine der am häufigsten und erfolgreichsten eingesetzten Ranking-Arten. Es dient dazu, Wohlstandsunterschiede, so wie die Leute sie wahrnehmen, festzuhalten, und ermöglicht damit eine relative soziale Stratifizierung. "Wohlstand" wird in jeder Gesellschaft nach unterschiedlichen Kriterien definiert. Andererseits werden das eigene Verhalten, die Einschätzung von sich und anderen sowie die jeweiligen Bewältigungsstrategien von dieser Bewertung wesentlich beeinflußt. Die Aussagen des qualitativen "Wealth rankings" sind deshalb oft aussagekräftiger als eine noch so genaue Zensuserhebung.

Verfahren:
Nach der Erstellung einer Liste aller Haushalte und deren Durchnumerierung werden Haushalt und Nummer auf je eine Karte übertragen. Schlüsselinformanten, die alle Haushalte kennen, werden unabhängig voneinander gebeten, die Karten in so viele Kolumnen zu legen, wie es nach ihren Kriterien Wohlstands/Wohlhabenheitskategorien gibt. Lassen Sie sich die Kriterien erklären. Zur tabellarischen Auswertung der Ergebnisse sei auf die ausgezeichneten Anleitungen verwiesen (s. Lit.hinweise), die es zum "Wealth ranking" gibt.

Zeitpunkt:
Abhängig vom Gesellschaftstyp kann ein Wealth ranking nach wenigen Wochen oder auch erst nach Monaten sinnvoll eingesetzt werden[55].

Anwenderhinweise:
Wealth ranking ist in vielen Fällen ein probates, in kürzester Zeit zu Ergebnissen führendes Mittel, um über Wohlstandsgefälle und daraus resultierende Probleme Aussagen zu machen bzw. um in armutsorientierten Programmen die geeigneten "Zielgruppen" zu finden. Allerdings ist es auch mit Problemen behaftet:

● Es versagt meist in dichtbevölkerten Gebieten mit starker Fluktuation, da sich hier die Leute zu wenig kennen.
● Auch wenn die Zahl 100 oder 150 Haushalte übersteigt, wird es unübersichtlich.
● In Gemeinschaften mit egalitärer Ideologie ist ein Wealth ranking nicht angezeigt, weil sich die Bewohner zurecht wehren würden, in unterschiedliche "Wohlstands/Wohlhabenheitsgruppen" eingeteilt zu werden, selbst wenn diese "objektiv" bestehen sollten[56].

---

55 vgl. dazu die Aussagen in Kap. 1, Abschnitt 9
56 vgl. dazu Welbourn 1991 für Kastengesellschaften

- Wenn mit dem Wealth ranking Erwartungen an den Interviewer oder die hinter ihm stehende/vermutete Organisation verbunden sind, wird das Ergebnis mit Sicherheit ebenfalls verfälscht.

Entscheidend ist in jedem Fall, daß der spielerische Charakter des Wealth rankings dominiert. Frauen und Männer haben häufig unterschiedliche Wahrnehmungskategorien, ebenso verschiedene Berufsgruppen (Händler, Arbeiter). Es empfiehlt sich deshalb für jede Gruppe getrennte Wealth rankings durchzuführen.

Wo Wealth rankings nicht zu sinnvollen Ergebnissen führen, sollte auf Techniken des "Social mapping", oder die Verwendung von Schlüsselindikatoren zurückgegriffen werden.

Literaturhinweise zu Ranking-Techniken::
Ranking/Rating/Sorting allg: FAO 1990:107-11; Theis/Grady 1991:61-76 (Erklärungen und Trainingstips für alle hier aufgeführten Techniken). Zum Preference-Ranking: Pretty/Chouangcham 1988; Ethiopian Red-Cross Society 1988 (complex ranking). Zum Problem Ranking: Bunch 1982. Zum Matrix ranking: Mearns 1988, Zum Wealth ranking: Grandin 1988; RRA-Notes 15 (gesamte Ausgabe); Theis/Grady 1991:72-76 (Trainingstips); Mearns 1992. Zur Sozialen Stratifizierung: Canoog/Kievelitz 1989, Canoog/Kievelitz/Steigerwald 1990, Kievelitz 1990.

---

7. Techniken, die auf lokale Verfahren der Wissensermittlung und -vermittlung zurückgreifen

---

Dazu gehören:
- Indigenes Technisches Wissen und lokale Taxonomien (indigenous technical knowledge, folk taxonomies/classifications)
- Ethno-Biographien, Fallstudien, Folklore, Songs und Poesie (ethno-biographies, case-studies, folklore, songs and poetry)

Indigenes Technisches Know-how und lokale Taxonomien
(indigenous technical knowledge, folk taxonomies/classifications)

Verfahren:
Im Rahmen der neueren Ansätze von Farming Systems Research (FSR) und Participatory Technological Development (PTD) werden das vorhandene Lokalwissen und die auch ohne äußere Einflüsse erworbene Erfahrung der Bauern im jahrelangen Experimentieren mit verschiedenen Va-

rietäten auf ihren Feldern immer mehr berücksichtigt. Ob nun bei der Erstellung von Karten und Modellen auf lokale Taxonomien zurückgegriffen wird (z.b. im Patecore-Projekt der GTZ: GTZ 1992b), oder für Innovationen die Experimentierfreudigkeit von Bauern und Bäuerinnen genutzt wird (z.B. Hahn 1991), die vollständige Integrierung und Nutzbarmachung des vorhandenen Know-hows ist eine wesentliche Voraussetzung zum Gelingen eines PRA.

Lokale Taxonomien und Klassifikationen sind oft exakter und entspringen genauerer Beobachtung als die von Außenstehenden. Ein weiterer Vorteil der Nutzung lokaler Kategorien ist, daß dadurch der Dialog und die gemeinsame Erarbeitung tragfähiger, angepaßter Lösungen erleichtert wird. Am besten läßt man sich durch vorhandene Fallbeispiele und Untersuchungen sensibilisieren (s. Lit.hinweise).

Zeitpunkt:
In allen Phasen von PRA

Literaturhinweise:
allg: Brokensha/Warren/Werner 1980; Bunch 1982; P. Richards in: Entwicklungsethnologie 1,1992.

Ethno-Biographien, Fallstudien, Folklore, Songs und Poesie
(ethno-biographies, case-studies, folklore, songs and poetry)

Verfahren:
Beispiele zu diesen Wissensressourcen finden sich verstreut in der ethnologischen Literatur zu der entsprechenden Ethnie. Sie vermitteln viel über Wertvorstellungen, Geschichte, Alltagspraktiken einer Gruppe. Allerdings setzt ihr Verständnis die Kenntnis der Lokalsprache voraus. Fallstudien können auch im Rahmen von PRA in der Aufnahme persönlicher Lebensgeschichten von einzelnen Interviewpartnern entstehen. Die Nutzung von Poesie, Sprichwörtern etc. ist sinnvoll, wenn Angehörige der lokalen ethnischen Gruppe Mitglieder des PRA-Teams sind.

Zeitpunkt:
Wenn entsprechende Literatur existiert, sollten diese Quellen schon vor dem PRA zur Einstimmung genutzt werden, während des PRA durch Teammitglieder mit Kenntnis der Lokalsprache.

Literaturhinweise:
Zur biographischen Analyse in PRA: Box 1989. Beispielhaft für eine gelungene Ethnobiographie: Shostak 1982 (aus dem Leben einer !kung-Buschfrau); zur Bedeutung von Sprichwörtern: Yankah1989.

8. Gemeinsame Auswertung und Darstellung von Ergebnissen

Dazu gehören:
- Analytische, schriftliche, visuelle oder akustische Darstellungsformen (Arbeitspapiere, Grafiken, Wandgemälde, Posters, Photographien, Tonbandaufnahmen, Videos, Zeichnungen und Diskussionen)
- Theateraufführungen (Tanz, Gesang, Drama, Mimische Darstellung)

Die Darstellung von Ergebnissen kann schriftlich (in Form von Reports, Arbeitspapieren, Fallgeschichten), mündlich (in Form einer Aufführung, Darstellung) oder visuell (photographische Dokumentation, Zeichnungen, Video, Cartoons etc.) erfolgen. Alle drei Formen können auch auf graphische Darstellungen zurückgreifen.

Analytische, schriftliche, visuelle oder akustische Darstellungsformen

Verfahren:
Die häufigste Form der analytischen Darstellung ist die graphische Auswertung. Für nichtliterate Personen bietet sich eine Darstellung in Symbolen, Piktogrammen oder Bildern an. Der öffentlichen Darstellung am Ende eines PRA geht eine Abschlußanalyse und graphisch/optische Aufbereitung der PRA-Ergebnisse durch das Team voraus. Die halbstrukturierte öffentliche Abschlußsitzung präsentiert, verarbeitet und korrigiert die PRA-Ergebnisse. Sie führt zum Beispiel im Rahmen eines sog. "Innovation Assessment" bzw. einer "Sustainability Analysis" zu gemeinsam erarbeiteten Empfehlungen für zukünftige Aktivitäten und Aufgaben im Dorf- oder Stadtviertel.

Zeitpunkt:
Am Ende eines PRA-Abschnittes oder zum Abschluß des gesamten PRA

Literaturhinweise:
FAO 1990, Kapitel 7; Theis/Grady 1991:118-124. Zum Thema "innovator workshops"/"partizipative Evaluierung" existieren neben dem "PAME"-

Ansatz in FAO 1990 auch andere einführende Artikel: z.B. Baker/Knip-
scheer 1987; Chambers/Pacey/Thrupp 1989, Part 3.

Theateraufführungen

Puppentheater, mimische Darstellungen, Tanz, Gesang, Drama, Geschich-
tenerzähler sind unkonventionelle, aber breitenwirksame und eindrückli-
che Formen der Präsentation von Ergebnissen. Fallgeschichten können
zum Beispiel szenisch aufbereitet und von Darstellern präsentiert werden.
Mündliche Präsentationen können mit Tonband, Photoapparat oder Video festgehalten und bei anderen Gelegenheiten (z.B. auch bei Nachbar-
gruppen) wiederverwendet werden.

Literaturhinweise:
Cornwall et al. 1989; FAO 1990:83-84.

V. INDEX

A. Übersicht zu empfohlener Einführungslektüre

1. Überblicksartikel zur Einführung

- Chambers 1991 und 1992 (Einführung in die logischen Grundlagen, die Einsatzbereiche, die Entwicklung und die Perspektiven von RRA/PRA-Methoden)
- Chambers 1980 (interessant für die historische Entwicklung von RRA)
- Scheuermeier 1989 (für deutschsprachige Leser)

Weitere einführende Werke mit Anwendungsbeispielen (Schwerpunkt RRA):
- Kumar 1987
- McCracken/Pretty/Conway 1988
- Molnar 1989

2. Sammelbände mit Überblicksartikeln und zahlreichen Fallbeispielen

- KKU 1987 (nach wie vor wegen ihrer Inhaltsfülle empfehlenswerte "Proceedings of the 1985 Conference on Rapid Rural Appraisal", der Khon Kaen Univesität Thailand
- Chambers/Pacey/Thrupp 1989
- Mascarenhas et al. 1991 (eine hervorragende Zusammenschau von Participatory Rural Appraisals. Dokumentation eines Trainerworkshops in Indien, der die Erfahrungen aus 145 PRA's verschiedenster, in Indien ansässiger Institutionen widerspiegelt)

Weitere lesenswerte Sammelbände:
- Altieri/Hecht 1987.
- Cernea 1991

3. Publikationen mit Handbuchcharakter

Unter den bisher veröffentlichten "Training Manuals" bzw. Handbüchern sind wegen ihrer Anwenderfreundlichkeit besonders empfehlenswert:
- Theis/Grady 1991 (basierend auf Erfahrungen in Nordafrika und dem Nahen Osten)
- FAO 1990 ("The Communitiy's Toolbox"; eine konsequente Umsetzung des Partizipationsgedankens auf die dargestellten Methoden)

Ebenfalls empfehlenswert:

- Abel 1989 (Schwerpunkt Agroforestry)
- Nagel et al. 1989 (Anleitung zur Fokussierung formaler Surveys mittels RRA)
- NERAD 1988f. (17 Handbücher zu einzelnen Techniken in Thai; einige davon auch in Englisch erhältlich, vgl. z.B. Pretty/Chouangcham 1988)
- NES et al. 1989; 1991; 1992 (basierend auf Erfahrungen in Kenya)

Noch nicht erschienen:

- Gill, (forthcoming)
- Grandstaff/Messerschmidt 1992 (Anleitung für Manager, Fach- und -Regionalplaner)
- Grandstaff et al., (forthcoming)
- Pretty et al. 1992 (in press); 1992a (in press); forthcoming

4. Einführende Lektüre in anderen Sprachen

Französisch: Gret 1990; Gueye/Schoonmaker-Freudenberger 1991
Portugiesisch: Guijt/Neejes 1991
Spanisch: Alton 1991; Rhoades 1989
Arabisch: Theis/Grady 1991
Thai: NERAD 1988f.

B. Länderindex

Äthiopien
ActionAID/IIED 1989; Ellman 1972; 1981; Ghirotti 1992; IIED/FarmAfrica 1988; McCracken/Conway 1988; McCracken/Merans 1989; Maxwell 1990; Scoones/McCracken 1989

Afrika
- Mittlerer Osten/Nord-Afrika
  Theis/Grady 1987
- West
  Swift 1981

Asien
Jamieson 1991

Australien
Dunn/Mc Millan 1991; Ison/Ampt 1992

Bangladesh
Howes 1991; Kochendörfer-Lucius/Osner 1991; Welbourn 1992

Brasilien
Baker/Knipscheer 1987; Colombani 1992

Burkina Faso
GTZ 1992b; Hahn 1991

China
Croll 1984

Dominikanische Republik
Box 1989; Dorman 1991

Ecuador
Cabarle/Zazueta 1992

Elfenbeinküste
Floquet/Lühe 1992; GTZ 1992a

Europa
Scheuermeier 1989; Scheuermeier/Ison; Scheuermeier et al. 1991

Fiji
McCracken 1988b

Gambia
Ford et al. 1992; Guijt 1992; Sarch 1992

Ghana
Welbourn 1991

Guinea-Bissau
Topsoe-Jensen 1989

Guatemala
Bunch 1982; Guerra 1992

Himalaya
Carson 1987

Honduras
Galt 1987

Indien
ActionAid; Alsop 1989; IIED 1988; Joseph 1991; McCracken 1988; 1989; Malhotra 1992; Mascarenhas 1991; 1992; Mascarenhas et al. 1991; Palinis-wamy 1992; PALM-Series; Pretty 1989; 1991; Pretty/Choungcham 1988; Shah 1988; SPEECH 1991; Vijayraghavan 1992; Shah 1992

Indonesien
Conway/McCracken/Pretty 1988

- Java
Pretty et al. 1988

Kapverden
Guijt/Neejes 1991

Kenia
Kiara et al. 1990; NES 1989; 1991; 1992; Pretty 1990; Raintree/Young 1983; Raintree 1986; 1987; Müller/Scherr 1990; Rudqvist/Tobisson 1991

Kolumbien
Ashby 1991; Quiros et al. 1992; Tripp/Wooley 1989; Zamosc 1986

Liberia
Sutton/Dorr 1992

Malawi
Welbourn 1991

Malaysia
SLE 1991

Mexiko
Byerlee 1980; CIMMYT 1988; Tripp/Wooley 1989

Mongolei
Mearns 1992

Nepal
Campbell/Gill 1992; Carson 1987 Gill 1991; Department of Agriculture 1986/87; Gill (forthc.); Mathema/Galt 1989; Messerschmidt 1991

Neuguinea
Mearns 1988

Nigeria
Abahu et al. 1987; Leurs 1989

Pakistan
Conway 1987; Conway/McCracken Pretty 1988a; MFVDP 1988; Hosain 1991; Pretty 1988

Peru
Rhoades 1982; 1986; 1987; 1989

Philippinen
Canoog/Kievelitz 1989; Canoog/Kievelitz/Steigerwald 1990; Cebu Upland Project; Conway/Sajise 1986; Kievelitz 1991; 1992; Lamug 1989

Sambia
Collinson 1991; Edwards 1987; Eklund 1988

Senegal
Gueye/Schoonmaker-Freudenberger 1991

Sierra Leone
Welbourn 1991; 1992

Somalia
La Fond 1992

Sri Lanka
Groenfeldt 1989

Sudan
Ellman 1972 1981; Eyben 1979; Maxwell 1989; 1989

Tanzania
SLE 1991a; Johanson/Hoben 1992

Thailand
Jintrawet 1985; Lohani/Halim 1987; Nagel 1989; Nagel et al 1989; ; NE-RAD Handbooks; Prince of Songkla University 1990; Subadhira 1987; Subhadhira et al. 1987

Vietnam
Pillot 1991

Zaire
Schäfer 1992; SLE 1990

Zimbabwe
Cromwell 1989; FSRU 1991; Harvey et al. 1987; Scoones 1989; Stokking/Abel 1981;

C. Index nach Anwendungsbereichen
(besonders wichtige Werke unterstrichen)

Abfallbeseitigungsprogramme
Rudqvist/Tobisson 1991

Ausnahmezustände/Notfälle/ Katastrophen/Flüchtlingsfragen
Ellman 1972; 1981

Bewässerungsfragen
Chambers/Carruthers 1986; Groenfeldt 1989; Howes 1991; Kiara et al. 1990; McCracken 1988; Potten 1985; Pretty 1990; Shah et al. 1991; 1991a; Suelzer/Sharma 1986/87; Write to: International Irrigation Management Institute, 64 Lotus Road, Colombo 1, Sri Lanka for recent sources (contact: Douglas Vermillion)

Einkommen/Verdienstmöglichkeiten
Maxwell 1990

Ernährung
Gibbs 1987; Heaver 1992; RRA Notes 8; Scrimshaw/Hurtado 1988; Young 1990; Appendix: Video

Erziehung/Bildungsangebote
Eyben 1979

Familienplanung
Folch-Lyon/Trost 1981; Heaver 1992

Frauenfragen/Geschlechterproblematik
Blumberg 1990; Hosain 1991; Report...1990; Theis/Grady 1991; Welbourn 1992; Verschiedene Berichte über PRA's zu Frauenfragen als Set erhältlich von IDS (Sussex).

Gesundheitsfürsorge
ActionAid 1991; ActionAid n.d; Gibbs 1987; Heaver 1992; LaFond 1992; Rifkin 1992; RRA Notes 16; Scrimshaw/Hurtado 1988; SPEECH 1991; Welbourn, n.d.; WHO 1988

Hirten
Swift 1981

Integrierte Agroforstwirtschaft/Brennholzsituation
Abel 1989; Cabarle/Zazueta 1992; FAO 1990; Freudenthal/Narrowe 1991; Holtzman 1986; Inglis 1991; Jamieson 1991; Malhotra et al. 1992; Messerschmidt 1991; Molnar 1989; Pretty/Scoones 1989; Raintree/Young 1983; Raintree 1986; 1987; Scoones 1989 ed.; Shah 1988; Soussan/Gevers 1989: Subadhira/Apichetvullop 1987; Forests Trees and People Newsletter (siehe Kap.V Index)

Kunsthandwerk
Cromwell 1989

Landwirtschaft allgemein
NERAD Handbooks 1988-; SLE 1991 (shifting cultivators); Vijayraghavan 1992

Märkte
Holtzman 1986

Nahrungssicherung
Maxwell 1989; SLE 1991a

Natürliche Ressourcen
Carson 1987; Molnar 1989a; Lohani/Halim 1987; NES 1989; 1991; 1992 Scoones/McCracken eds. 1989; Shah 1992; Stocking/Abel 1981; Thomas-Slayter 1992

Nutztiere
Baker/Knipscheer 1987

Organisationskulturen
Honadle 1979; Kievelitz/Reineke 1992; 1992a; Mathema/Galt 1987; Rosen 1991; Thomas-Slayter 1992

Quantitative versus qualitative sozialwissenschaftliche Erhebungsmethoden
Gill 1991; Inglis 1991

Soziale Stratifizierung
Canoog 1989; Canoog/ Kievelitz/ Steigerwald 1990; Kievelitz 1990, 1991, 1992 ed.

Urbane Studien/Squatter-Siedlungen
Colombani et al. 1992; Lewin, n.d.; (Moser 1989); WHO 1988

Wirtschaft
Pretty/Scoones 1989

D. Nützliche Netzwerkadressen

Institutionen und Ansprechpartner, die Erfahrung im Umgang mit RRA/PRA-Methoden haben:

(*) = PRA-Schlüsselinstitutionen/ zentrale Anlaufstellen)

(*) ACTIONAID INDIA
3 Resthouse Road
Bangalore 560 001, India
Tel.: 0812 564 682/3 FAX: 0812 564684. Kontakt: Sam Joseph;
Schwerpunkte: Erfahrung mit PRA und PALM-Methoden; Trainingskurse
Lit.: Joseph 1991; RRA Notes 13:95-101.

AGRECOL
c/o Oekozentrum
CH-4438 Langenbruck, Switzerland
Schwerpunkte: Farmer First - Participatory Technology Development (RRA/PRA-Techniken). Arbeitsgruppe im Rahmen des AGRECOL-Vereins Bonn.
Kontakt: Almut Hahn; Tel: -62/601420; FAX: -62/601640
Lit.: Hahn 1991

(*) AKRSP
Aga Khan Rural Support Programme
Choice Premises
Swastik Cross Road, Navranpura
Ahmedabad 380 009, Gujarat, India
Schwerpunkte: lange Erfahrung mit PRA und PALM-Methoden; Trainingskurse
Kontakt: Anil C Shah Tel: 0272-464029 Telex: 0121 257 ARSP IN
Lit.: McCracken 1988; Shah et al 1991; 1991a

CASUP
College of Arts and Sciences
University of the Philippines at Los Banos College
Laguna 3720
Philippines
Kontakt: Corazon Lamug
Lit.: Lamug 1989

CATAD s.: SLE

Center for People's Knowledge and Intercultural Dialogue
Gomaringer Straße 6
72810 Gomaringen-Stockach
Kontakt: H. Tillmann; M. Salas
Tel: 07072-8717; FAX: -7964

CIAT
Centro Internacional de Agricultura Tropical
Apartado Acro 6713 Cali, Colombia
Schwerpunkte: "agricultural on-farm-research and training"; "Sustainable food production"
Kontakt: Jaqueline Ashby
Lit.: Tripp/Wooley 1989; Ashby 1991; Quirós et al. 1992

CIKARD
Centre for Indigenous Knowledge for Agriculture and Rural Development
Iowa State University
318 Curtiss Hall
Ames, Iowa 50011, U.S.A.
Schwerpunkte: Forschung und Information über die Aufrechterhaltung und den Gebrauch lokalen Wissens von Bauern und ländlicher Bevölkerung. Für die Aufnahme in das Informationsnetzwerk von CIKARD:
Kontakt: Michael Warren; Tel.: 001-515 294-4111
Lit.: Warren et al. (eds.) 1989

CIMMYT, Int.
Centro Internacional de Mejoramiento de Maiz y Trigo
Lisboa 27, Colonia Juárez
Apdo. Postal 6-641,
06600 México, D.F. Mexico
Tel.: (905)726-9091
FAX: (595)41069
Schwerpunkte: "informal farmer surveys" im Rahmen eines Technologiedesigns (diverse partizipative Erhebungstechniken); "farmer participatory methods for research (FPM)" v.a. "crop management research"; "farmer to farmer extension";
Kontakt: Robert Tripp; Martien van Nieuwkoop, Larry Harrington, Daniel Buckles
Lit.: Byerlee et al. 1980; Collinson 1981; CIMMYT 1988; Tripp/Wooley 1989

CIP
International Potato Centre/Centro Internacional de la Papa
Apartado 5969
Lima, Peru
Schwerpunkte: Am CIP wurde unter R. Rhoades der "Informal Agricultural Survey", eine der klassischen RRA-Methoden mit ethnographischem Schwerpunkt entwickelt.
Kontakt: Robert Rhoades
Lit.: Rhoades 1982;1986; 1987; 1989

DAI
Development Alternatives Inc.
1823 Jefferson Place, NW
Washington DC 20036, U.S.A.

DEH/SDC
Swiss Development Cooperation
Eigerstr. 75
CH-3003 Bern, Switzerland
Schwerpunkte: "On-Farm-Research" (dazu: gemeinsames Handbuch mit der GTZ) und RRA haben einigen Stellenwert.
Kontakt: Willi Graf Tel.: +41-31-612111
Lit.: Werner 1992

DSE
Deutsche Stiftung für Internationale Entwicklung
Zentralstelle für Ernährung und Landwirtschaft (ZEL)
Postfach 20
D-8133 Feldafing
Schwerpunkte: Die DSE gibt in ihren 4-wöchigen fremdsprachigen Trainingskursen zum Thema "Bäuerliche Betriebssysteme..." eine Einführung in die Grundzüge von RRA mit anschließender mehrtägiger Praxis in Oberbayern ebenso wie in Südostasien.
Kontakt: Lüder Cammann Tel.: (0)8157- 38-0/197; FAX: (0)8157-38227
Lit.: Cammann 1990 ed.

DSU
Development Studies Unit, Department of Social Anthropology
Stockholm University, Annex 1
S-10691 Stockholm
Schwerpunkte: verschiedenste Publikationen zu partizipativen Erhebungsmethoden; "Community Baseline Studies" (ethnographisch; nicht teamorientiert); Popular Participation Programme.
Kontakt: S. Freudenthal; A. Rudqvist; E. Tobisson. Tel.: +46-8-16200; FAX: +46-8—169110
Lit.: Rudqvist/Tobisson 1990; Freudenthal/Narrowe 1991; Ljungman/Freudenthal 1991; Rudqvist 1991;

East-West Center
1777 East West Road
Honolulu
Hawaii 96848
Schwerpunkte: RRA und Participatory Action Research.
Kontakt: Grandstaff S.W. und T.B.
Lit.: Hoskins 1986; Grandstaff/Buranakonda 1987; Grandstaff/Grandstaff
1987; Grandstaff/Messerschmidt 1992

ENDA-GRAF
BP 13069 Dakar, Senegal
Tel.: 00221-242025
Kontakt: Pierre Jacolin; Jean Pierre Perier; Emmanuel Ndione

ENEA
BP 5579 Dakar, Senegal
Kontakt: Bara Gueye
Lit.: Gueye/Schoonmaker-Freudenberger 1991

FAKT
Fördergesellschaft für angepaßte Techniken in der Dritten Welt mbH
Gänsheidestr. 43
D-7000 Stuttgart 1
Schwerpunkte: partizipative Technologieentwicklung; neues Konzept:
"Participative Impact Monitoring" in der Erprobungsphase; interessiert
an PRA.
Kontakt: Eberhard Gohl; Tel.: (0)711-235030; FAX: (0)711-600608

(*) FAO
Food and Agriculture Organization of the United Nations
Viale delle Terme di Caracalla
00100 Rome, Italy
Tel.: +6-5797-1; FAX: +6-5782610
Schwerpunkte: RRA; Participatory Action Research (PAR); Participatory
Assessment, Monitoring and Evaluation (PAME) in Community Forestry.
FAO hat eine informelle "lunch-time"- Arbeitsgruppe zu PRA/RRA gebil-
det
Kontakt: Marylin Hoskins; Carla Hogan-Rufelds, A. Sjoberg (community
forestry); John. Dixon (farming systems) u.v. a. (development support

communications; decentralised planning; nutrition, fisheries, soil conservation, irrigation, investment project preparation).
Lit.: FAO 1986; 1990; Molnar 1989; Grandstaff/Messerschmidt 1992.

THE FORD FOUNDATION
P.O.Box 1794
Khartoum, Sudan
Tel.: +-43474: Telex: 23024 SNASH SD
Kontakt: Humphrey Davis

FRED
Food and Resource Economics Department
1125 McCarthy Hall
Institute of Food and Agricultural Sciences
University of Florida, Gainsville,
Florida 32611, U.S.A.
Tel.: +1 904 392 3261

GATE
German Appropriate Technology Exchange
Dag-Hammarskjöld-Weg 1
D-6236 Eschborn
Tel.: (0)6196-79-0
Schwerpunkte: GATE ist eine spezielle Abteilung der GTZ und ein Zentrum für die Verbreitung und Unterstützung angepaßter Technologien in südlichen Ländern. GATE hat Schwerpunkte in der Technologieverbreitung und im Umweltschutz. In der Bibliothek von GATE wird Literatur zu RRA/PRA seit einiger Zeit gesammelt: GATE ist vernetzt mit ILEIA und AGRECOL und führt Literaturrecherchen zu RRA/PRA-Anfragen durch.
Kontakt: A. von Lossau, Tel.-4807

GRAAP
Groupe de Recherche et d'Appui pour l'Autopromotion Paysanne
B.P.785,
Bobo-Dioulasso, Burkina Faso
Schwerpunkte: Entwicklung visueller Trainingsmaterialien zum Selbsttraining für illiterate ländliche Bevölkerungsgruppen, bzgl. Forstwirtschaft und Umwelt. Vier "Module": 1)"Our Changing Environment"; 2) "Trees in Our Lives" 3) "The Life of the Soil" und 4) "Conserving Soil and Water", wurden im Auftrag des Ministriums für Umwelt von Burkina Faso in Umlauf gebracht und in kleinen Projekten eingesetzt.

(*) GRET
Groupe de Recherche et d'Echanges Technologiques
213, Rue la Fayette
75010 Paris, France
Tel.: +1 4035 1314: FAX: +1 4035 0839
Schwerpunkte: Erfahrung mit RRA/PRA und Recherche Développement" (RD); RRA als Einstieg für Projekte/Programme; ansonsten PRA- und PAME-Methoden bevorzugt.
Kontakt: Didier Pillot; Marc Rodriguez; Samuel Thirion; Jean-Francois Mondain-Monval.
Lit.: GRET 1990; Palleschi 1990; Prince of Songkla University et al. 1990; Pillot 1991

GTZ
Deutsche Gesellschaft für Technische Zusammenarbeit
Dag-Hammarskjöld-Weg 1
D-6236 Eschborn
Tel.: (0)6196-79-0
FAX: (0)6196-79-1115
Schwerpunkte: Innerhalb der einzelnen Regional- und Fachabteilungen der GTZ wurden verschiedentlich Erfahrungen mit RRA/PRA/SONDEO-Techniken gesammelt. In der Abt. 425, Sektorübergreifende städtische und ländliche Programme, werden zur Zeit die Erfahrungen zusammengefaßt. Die vorliegende Broschüre ist Teil dieses Unterfangens. Eine Unterabteilung der Abteilungsbibliothek wird in Zukunft eine Auswahl an RRA/PRA-Literatur enthalten.

(*) RRA/PRA-Aktivitäten in Federführung der GTZ umfassen unter anderem:

- PRA-Workshop, durchgeführt in der Elfenbeinküste[57].
  Kontakt: J. Metzner Tel.: -1233
- Aktionsforschung für Handwerker im Niger[58].
  Kontakt: G.Goronzy Tel.: -1953
- RRA: Soziale Stratifizierung als Mittel zur Armuts- und Ziel-
  gruppenorientierung im Cebu-Upland Projekt/ Philippinen[59]
  Kontakt: U.Kievelitz Tel.: -1347.
- Sondeo in Guatemala[60].
  Kontakt: S. Welz Tel.: - 1318.
- PRA-Methoden im PATECORE-Projekt in Burkina Faso[61]
  Kontakt: H. Eger Tel: -1381; H. Wöhl Tel: -1342.
- PRA-Methoden in einem ländlichen Entwicklungsprojekt in
  Boundiali, Elfenbeinküste[62].
  Kontakt: U. Hoesle Tel.: -1415.
- Rapid Organizational Appraisal (ROA); Entwurf von TOR für ROA-
  Einsätze; Anforderungsprofil für ROA -Teammitglieder; Weiter-
  entwicklung der Konzeption[63].
  Kontakt: D. Reineke Tel.: -1658; U. Kievelitz: Tel.: -1347.
- RPA zur Entwicklung eines partizipativen Beratungsansatzes
  in Sambia.
  Kontakt: Dr. Leupolt, Tel. -1343
- RRA/PRA für den Bereich Flüchtlingsfragen/Nothilfe.
  Kontakt: G. Hock Tel.: -1323.
- Übersicht über RRA/PRA (diese Broschüre).
  Kontakt: M. Schönhuth, Adlerstr. 9, D-7800 Freiburg i.Br.;
  U. Kievelitz Tel.: -1347.

weitere Ansprechpartner im Hause:
- Reiner Forster, Stabsstelle 07 Tel.: -1282.

---

57 vgl. Floquet/Lühe 1992; Floquet/Mongbo 1992
58 vgl. Gagel 1988
59 vgl. Canoog/Kievelitz 1989; Canoog/ Kievelitz/ Steigerwald 1990;
   Kievelitz 1990, 1991. 1992 ed.
60 vgl. Guerra 1992; Xon Cordova 1992
61 vgl. GTZ 1992b
62 vgl. GTZ 1992a
63 vgl. Kievelitz/Reineke 1992; 1992a

ICRA
International Course for Development Oriented Research in Agriculture
P.O. Box 88, 6700 AB Wageningen
The Netherlands
Tel.: +8370-22938; FAX: +8370-18552
Schwerpunkte: französisch- und englischsprachige Trainingskurse in entwicklungsbezogener Forschung mit RRA/PRA Schwerpunkt. Gegründet 1980 von den europäischen Mitgliedern von CGIAR (Consultative Group for International Agricultural Research).
Kontakt: N. Sellamna; Richard Hawkins; Jon Daane; Hal Mettrick.
(ICRA France: c/o CNEARC; Avenue du Val de Montferrand; BP 5098; F-34033 Montpellier Cédex 1; Tel.:+33/67414011; FAX: +33767044717

ICRAF Kenya
International Council for Research in Agroforestry
P.O. Box 30677
Nairobi, Kenya
Schwerpunkte: RRA-Ansatz: "Diagnosis and Design"; Agroforestry
Kontakt: John Raintree
Lit.: Raintree 1983; 1986, 1987; Müller/Scherr 1990

ICTA
Instituto de Cienca y Technología Agrícolas
Av. La Reforma 8-60
Zona 9; Edificio Galerías Reforma 3er.Nivel
Guatemala
Tel. +317464-318371
Schwerpunkte: SONDEO
Kontakt: Peter Hildebrand (SONDEO-Approach)
Lit: Hildebrand 1981; 1986 ed.; Hildebrand/Ruano 1982

IDA
Institute for Development Anthropology
P.O. Box 2207
Binghamton, New York 13902, USA
Kontakt: David Brokensha; Peter Little; Micael Painter

(*) IDS
The Institute of Development Studies
at the University of Sussex
Brighton BN1 9RE, England
Tel.: +273 606261; FAX: +273-62102
Schwerpunkte: IDS war maßgeblich an der Entwicklung von RRA beteiligt. Bulletins; Heute Informationspool und PRA-"Denkfabrik" (Chambers).
Kontakt: Helen McLaren; Robert Chambers.
Lit: IDS 1979; 1981; Chambers 1990; 1991; 1992; n.d.

(*) IIED
International Institute for Environment and Development (IIED)
Sustainable Agriculture Programme
3 Endsleigh Street, London WC1h ODD, UK
Tel.: (44) 71-388-2117 ;FAX: (44) 71-388-2826
Schwerpunkte: IIED unterstützt die Entwicklung sozial- und umweltverträglicher landwirtschaftlicher Entwicklung durch Forschung, Training, Fürsprecherschaft, Netzwerkaufbau und Informationsfluß vor allem mit Institutionen aus dem Süden. Schwerpunkte sind: "Indigenous Knowledge"; Participatory Planning; PRA; Agroecology. Bisher wurden etwa 1500 Personen in über 20 Ländern von IIED in der Anwendung von PRA-Techniken ausgebildet. IIED produziert Trainings-Materialien und wird in Kürze 5 Trainingshandbücher herausbringen (Semistructured Interviewing; Diagrams; Maps and Models for Learning and Analysis; Qualitative Techniques; A Practical Guide for Trainers; außerdem sollen 5 Trainingsvideos produziert werden.
IIED ist Herausgeber der RRA Notes.
Kontakt: Jules Pretty, Irene Guijt; Ian Scoones; John Thompson
Lit.:Conway/McCracken 1988 Conway/McCracken/Pretty 1987; 1988; 1988a; Conway//Pretty/McCracken 1987;Guijt 1992; Guijt/Neejes 1991; IIED 1988; 1991; 1992; IIED/FARM AFRICA 1991; McCracken 1988; 1988b; McCracken/Conway 1988; McCracken/Mearns 1989; McCracken/Pretty/Conway 1988; NERAD Handbooks 1988- ; Pretty 1989; 1990; 1991; Pretty/Chouangcham 1988; Pretty/Scoones 1989; Pretty et al. 1988; 1992(in press), 1992a (in press); forthcoming.

ILEIA
Information Centre for Low External Input Agricultures
P.O. Box 64
AB Leusden, The Netherlands
Schwerpunkte: Informationsstelle und Consultancies im Rahmen von
landwirtschaftlichen Systemen, die solche lokal vorhandenen menschlichen und natürlichen Resourcen nutzen, die ökonomisch, ökologisch,
kulturell und sozial angepaßt sind.
ILEIA ist mit GATE und AGRECOL zu einem Informationsnetzwerk zusammengeschlossen.
Kontakt: Sander Essers, Bertus Haverkort, Wim Hiemstra; Coen Reijntjes
Lit.: 1988; n.d.

Institute of Environmental Science and Management
University of the Philippines at los Banos, College
Laguna 3720, Philippines
Lit.: Conway/Sajise 1986

ITDG
Intermediate Technology Development Group
Publications
103-105 Southampton Row
London WC1B 4HH, UK
Tel.: +71-4369761; FAX: +71-436 2013
Schwerpunkte: fungiert als Informationsstelle und hilft, angepaßte landwirtschaftliche Technologien in Ländern des Südens einzuführen. Wealth
Ranking als eine Methode.
Kontakt: Guy Bentham; Trisha Pope
Lit.: Grandin, 1988

KKU
Khon Kaen University
The Rural Systems Research Project, Faculty of Agriculture
Khon Kaen 40002, Thailand
Tel.: (0066) +43-24 1331-39
Schwerpunkte: führte 1985 den Workshop durch, der RRA zum endgültigen Durchbruch verhalf.
Kontakt: Viriya Limpinuntana; Suriya Smutkupt
Lit.: Jintrawet et al. 1985; KKU 1987

(*) MYRADA
2 Service Road
Domlur Layout, Bangalore 560 071, India
Tel.: (0091) +812- 572028 / -55395
Schwerpunkte: langjährige Erfahrung mit RRA, Entwicklung des PALM-Ansatzes;
Geben die "PALM Series" heraus; div. Videos; PALM/PRA-Trainings.
Kontakt: Aloysius Fernandez

NERAD
Northeast Rainfed Agricultural Development Project
Northeast Regional Office of Agriculture, Tha Phra
Khon Kaen 40260, Thailand
Kontakt: Iain Craig (Rapid Assessment Technique, RAT)
Lit.: Alton/Craig 1987

ODI
Overseas Development Institute
Agricultural Administration Unit
Regent's College, Inner Circle, Regent's Park
London NW 1 4 NS, England.
Tel.: (0041) +71- 487 7413 FAX: +71- 4877590
Schwerpunkte: unterhält ein "Research and Extension-Network" mit
Schwerpunkt auf Farmer Participatory Research -(allerdings nicht speziell
zu PRA); daneben ein Journal: Experimental Agriculture.
Weitere Netzwerke (mit unregelmäßig erscheinenden Fachpublikationen),
in die man sich aufnehmen lassen kann: Pastoral Development, Social Fo-
restry, Irrigation Management.
Kontakt: John Farrington
Lit.: Farrington 1988; Farrington/Martin 1988

School of Agriculture -Australia
Charles Sturt University, Riverina
PO Box 588, Wagga, Wagga
NSW 2650
Kontakt: A.M. Dunn Tel.: 61-69-222385; FAX: 61-69-222812
Lit.: Dunn/Mc Millan 1991

SLE (CATAD)
Seminar für Landwirtschaftliche Entwicklung
(Centre for Advanced Training in Agricultural Development)
Podbielskiallee 66
1000 Berlin 66
Tel.: +1-314 713 32; FAX: +1-314 714 09
Schwerpunkte: RRA ist Teil des im SLE vermittelten Lehrstoffs und wird
von Forschergruppen regelmäßig in Entwicklungsprojekten eingesetzt.
Kontakt: Uwe Jens Nagel, Theo Rauch; Peter Neuhäuser, Ute Westphal
Lit.: Nagel 1989; Nagel et al 1989; SLE 1990; 1991; 1991a

UEA
University of East Anglia
Norwich NR4 7TJ, England
Tel.: +603-56161; FAX: +603-505262
Schwerpunkte: RRA/PRA
Kontakt: David Seddon (rapid urban appraisal methods)

USAID
United States Agency for International Development
21 and Virginia Avenue NW
Washington D.C. 20005, USA
Kontakt: Roberto Castro Tel.:001-202-663 1451/647 1850
Lit.: Kumar 1987; 1987a; 1989
USAID Philippines: Ramon Magsaysay Building, Roxas Boulevard Manila. Kontakt: James Beebe
USAID Pakistan; Islamabad. Kontakt: Michael Dove

Winrock International
PO Box 1312, Kathmandu
Nepal
Schwerpunkte: "agricultural policy research; networking of researchers to
a common plan across a whole agroclimatic region of Nepal"
Kontakt: Gerry Gill; Tel.: 977-1-212987/222904 FAX: 977-1-222300; Telex:
2305APROSC NP
Lit.: Gill 1991; Campbell/Gill 1992

The World Bank
1818 H Street, N.W.
Washington, D.C. 20433, USA
Tel.: +202 477-1234
FAX: 011 49-6196 797150
Schwerpunkte: Die Weltbank hat Erfahrung mit Rapid Assesment-Methoden (RAP) sowie dem ethnographischen "Beneficiary Assessment"-Ansatz von Salmen
Kontakt: Michael M. Cernea (auch assoziiert mit IIED); L.F. Salmen
Lit.: Cernea 1990;1991; Salmen 1987; 1992; n.d.

World Neighbours
5116 Portland Ave.,
Oklahoma City, OK 73112, USA.
Kontakt: Roland Bunch
Lit.: Bunch 1982; Rugh 1985

Organisationen, die Ausbildungen/Kurse in Rapid/Participatory Appraisal-Methoden anbieten

1. AUSTRALIEN
School of Agriculture
Charles Sturt University, Riverina
P.O. Box 588, Wagga, Wagga
NSW 2650
Kontakt: A.M. Dunn; Tel.: 61-69-222385; FAX: 61-69-222812

2. BUNDESREPUBLIK DEUTSCHLAND (FRG)
DSE
Deutsche Stiftung für Internationale Entwicklung
Zentralstelle für Ernährung und Landwirtschaft (ZEL)
Postfach 20
D-8133 Feldafing
Kontakt: Lüder Cammann; Tel.: (0)8157- 38-0/197; FAX: (0)8157-38227

SLE /CATAD
Seminar für Landwirtschaftliche Entwicklung
Podbielskiallee 66
1000 Berlin 66
Kontakt: U. Nagel

3. BOTSWANA
Production Systems Programme
Department of Agricultural Research
P.O.Box 102 75
Kontakt: Daphne Keboreilwe, Francistown, Botswana

4. BURKINA FASO
GRAAP
Groupe de Recherche et d'Appui pour l'Autopromotion Paysanne
B.P.785,
Bobo-Dioulasso, Burkina Faso

5. GROSSBRITANNIEN

Sustainable Agriculture Programme
International Institute for Environment and Development (IIED)
3 Endsleigh Street, London WC1h ODD, UK
Kontakt: Irene Guijt; Jules Pretty; Tel.: (44) 71-388-2117;
FAX: (44) 71-388-2826

ITDG
Intermediate Technology Development Group
Publications
103-105 Southampton Row
London WC1B 4HH, UK
Trainings in "Applied Social Science Techniques": Tel.: +71-4369761;
FAX: +71-436 2013

6. INDIEN

ActionAid India
3 Resthouse Road
Bangalore 560 001, India
Kontakt: Sam Joseph; Tel.: 0812 564 682/3; FAX: 0812 564684
(fungiert auch als zentrale Vermittlungsstelle für alle indischen Kursange-
bote).

Aga Khan Rural Support Programme
Choice Premises
Swastik Cross Road, Navranpura
Ahmedabad 380 009, Gujarat, India
Kontakt: Anil C. Shah Tel: 0272-464029; Telex: 0121 257 ARSP IN

MYRADA
2 Service Road
Domlur Layout, Bangalore 560 071, India
Kontakt: Aloysius Fernandez; Tel.: 0812 572028

SPEECH
14 Jeyaraja Illam
Kiruba Nagar, Madurai 625 014, India
Kontakt: John Devavram; Tel.: 0452 46370

7. KENYA
OXFAM
P.O. Box 40680
Nairobi
Kontakt: Mahesh Mishra; Tel.: 254-2-442123/445168

8. NEPAL
Winrock International
P.O. Box 1312, Kathmandu

9. NIEDERLANDE
International Course for Development Oriented Research in Agriculture
P.O. Box 88, 6700 AB Wageningen
Tel.: +8370-22938; FAX: +8370-18552

10. NIGERIA
Technology Planning and Development Unit
Faculty of Technology
Obafemi Awolowo University
IFE-Ife
Kontakt: Selina Adjebeng-Asem; Tel.: 234-36-230290

11. SCHWEIZ
AGRECOL
c/o Oekozentrum
CH-4438 Langenbruck, Switzerland
Kontakt: Ueli Scheuermeier; Alexandraweg 34; CH-3006 Bern

12. SENEGAL
ENDA
BP 5579, Dakar
Kontakt: Bara Gueye; Tel.: 221-253176

GRAAP
CP 13, Dakar
Tel.:00221-254953
Inhalte: Ausbildung für lokale Organisationen
Kontakt: M. Fadel Diamé; Mme. Lynn Ellsworth

13. SRI LANKA
Intercooperation
92/2 D S Senanayake Mawatha
Colombo 8, Sri Lanka
Kontakt: Dorothee Rojahn; Tel.: 94-1-691215; FAX: 94-1-687467

14. USA
Center for International Development and Environment of
The World Resource Institute
1709 New York Avenue, N.W.
Washington D.C., 200006 USA
Kontakt: Peter G. Veit

15. VIETNAM
Le Minit Tué
Trung tánà nghièn unú Lám ngièp (FRC)
Pteu Nính; Phone Cháu; Vinh Phú

16. ZIMBABWE
Natural Resources Department
Ministry of Environment and Tourism
P.O. Box 8070
Causeway, Harare
Kontakt: Saiti Makuku; Tel.: 263-4-729136/705661/705671
FAX: 263-4-720738; Telex: 26082 SIMTOUR

Zeitschriften, die regelmäßig über PRA-Aktivitäten berichten:

- Agricultural Administration
  (seit 1987 Agricultural Administration and Extension)
- CIMMYT Newsletter
- Forests, Trees and People Newsletter
- IDS-Bulletin
- ILEIA Newsletter
- PALM/PRA Series
- Popular Participation Programme (PPP) Publications
- RAP News
- RRA Notes

Kostenlose/günstige Bezugsquellen

Forests, Trees and People NEWSLETTER
IRDC; Swedish University of Agricultural Sciences (SUAS)
Box 7005
S-750 07 Uppsala, Sweden
Speziell: Nr. 15/16, February 1992, die 5 Artikel zu RRA/PRA enthält, darunter einen aktuellen Übersichtsartikel von Robert Chambers.

IDS-Bulletin sowie aktuelle, nichtgedruckte Artikel zu:
- Rapid and Participatory Rural Appraisal (Chambers 1992)
- Notes on Relaxed and Participatory Appraisal (Chambers 1992)
- Verschiedene Berichte über PRA's mit Frauen
zu beziehen über:
Helen Mc Laren
Institute of Development Studies
University of Sussex, Brighton, BN 1 9RE, UK

PALM/PRA Series kostenfrei auf Anfrage erhältlich von
MYRADA
2 Service Road
Domlur Layout
Bangalore 560 071, India
Tel.: (91) 812 576166

Popular Participation Programme PUBLICATIONS
DSU (Development Studies Unit)
Stockholm University, Annex 1
S-10691 Stockholm
verschiedenste Publikationen im Bereich partizipativer Datenerhebungstechniken, Baseline Studies und "Consultations". Bestellen über:
Paul Dover (Documentalist). Tel.: +46-8-16200; FAX: +46-8--169110

RAP-News, erscheint vierteljährlich; kostenlos erhältlich.
United Nations University Food and Nutrition Programme
22 Plympton Street
Cambridge, M.A., 02138 USA

RRA Notes 1-16 und ff, jeweils laufende Nummer kostenfrei auf Anfrage erhältlich von:
Sustainable Agriculture Programme
International Institute for Environment and Development (IIED)
3 Endsleigh Street,
London WC1h ODD, UK
Tel.: (44) 71-388-2117
FAX: (44) 71-388-2826
Zurückliegende Nummern sind für Bezieher aus dem Norden gegen einen Kostenbeitrag (2.50 £/Ausgabe; das ganze Set zu 33.- £), für Bezieher aus dem Süden kostenlos erhältlich. Darüberhinaus besteht die Möglichkeit der kostenlosen Aufnahme in den RRA-Verteiler.

Videos zu PRA

- **The IPRA Method** (1988)
basiert auf der Zusammenarbeit eines Agronomen und eines Sozialanthropologen mit Bauern in Kolumbien und Feldversuchen mit verschiedenen Varietäten von Bohnen und Cassava. Es zeigt die Farmer bei der gemeinsamen Vorbereitung der Experimente, in der selbständigen Durchführung und Evaluierung der Ergebnisse erhältlich von: The IPRA Programme, CIAT, AA6713, Cali, Colombia. Preis:?

Video zu Scrimshaw/Hurtado 1987: **Rapid Assessment Procedures for Nutrition and Primary Health Care**
zeigt die stark ethnologisch ausgerichtete Anwendung der RAP-Techniken in einem Eltern-Projekt ("Foster Parents Plan") in Guatemala.
erhältlich (für US Dollar 35.00/PAL-Version und das dazugehörige Buch Scrimshaw/Hurtado für US Dollar 8.95 + Porto von: UCLA Latin American Center; University of California, Los Angeles, CA 90024-1447; Tel.: (213) 825-6634 (Deborah Alaba).

A Participant's Diary of a PRA Exercise: Garudu-Kemanahalli, May 22-24, 1990
30-min. Video von MYRADA, zeigt einen PRA-Feldaufenthalt in allen Einzelheiten.
erhältlich über: MYRADA, 2 Service Road, Domlur Layout, Bangalore 560 071, India.

Pictorial Modelling: **A Farmer Participatory Method for Modelling Bioresource Flows in Farming Systems Aquaculture and the Rural African Farmer**
erhältlich für US Dollar 40.- über: Director, Information Program, ICLARM, MC PO Box 1501, Makati, Metro Manila 1299, Philippines.
FAX: (63-2)816-3183.

Participatory Research with Women Farmers (1991)
Professionell gemachtes Video, das indische Bäuerinnen bei Versuchen und der Auswahl schädlingsresistenter Bohnenvarietäten zeigt.
zu bestellen in franz., span., engl. bei: T.V.E. Postbox 7, NL-3700 AA Zeist, The Netherlands. Tel.: (31) 3404 20499; FAX:(31) 3404 22484.
(Preis: 20.- Pfund Sterling, kostenfrei für Organisationen aus südlichen Ländern)

Literatur

(Bezugsquellen siehe Index: "Nützliche Netzweradressen"!)

+ = Bibliothek der Abt. 425 der GTZ
++ = andere GTZ-Bibliotheken

Abalu,G., Fisher N.M. and Abdullahi, Y.
1987 Rapid Rural Appraisal for Generating Appropriate Technologies for Peasant Farmers - Some Experiences from Northern Nigeria. Agricultural Systems, 25,4, 311-324.

Abel, N.O.J., et al.
1989 Amelioration of Soil by Trees: Guidelines for Training in Rapid Appraisal Agroforestry Research and Extension. Commonwealth Science Council and the Zimbabwe Forestry Comission. London.

ActionAid
1991 Jamkhed. Participatory Rural Appraisal in Identifying Major Illnesses, Healthcare Providers and Costs. ActionAid, Bangalore, India.

+ActionAid
n.d. Participatory Rural Appraisal in Identifying Major Illness, Healthcare Providers and Costs. Draft.

ActionAid and IIED (eds.)
1989 Partnership for Local Planning. An Experiment in RRA in Ethiopia. IIED, London.

Alsop, R. Grosvenor
1989 Wealth Ranking in a Caste Area of India. RRA Notes 4.

Altieri, M.A. and S.B. Hecht, eds.
1987 Agroecology and Small Farm Development. Florida.

Alton, C.T. and I.A. Craig
1987 The Rapid Assessment Technique (RAT). A Procedure for Identifying Farmer Problems and Development Opportunities. Northeast Rainfed Agricultural Development Project (NERAD), Khon Kaen, Thailand.

Amanor, K.S.
1989 340 Abstracts on Farmer Participatory Research. Agricultural Administration Network Paper 5, Overseas Development Institute (ODI), London

Annett,H. and Rifkin, S.
1988 Report of Rapid Appraisal Trial, Mbeya, Tanzania. Liverpool School of Tropical Medicine, Dept. of Intern. Community Health, Liverpool, UK.

Annett,H. and Rifkin, S.
n.d. Improving Urban Health. Guidelines for Rapid Appraisal to Assess Community Health Needs. Liverpool School of Tropical Medicine, Dept. of Intern. Community Health, Liverpool, UK.

Ashby, J.A.
1991 Manual para la Evaluacion de Tecnología con Productores. Proyecto de Investigación Participativa en Agricultura (IPRA). Centro Internacional de Agricultura Tropical (CIAT), Cali, Colombia. (span., engl.)

+Baker, G. and Knipscheer, H.C.
1987 The Impact of Regular Research Field Hearings (RRFH) in On-Farm Trials in Northeast Brazil. Experimental Agriculture, 24,3:281-288.

Belshaw,D.
1981: A Theoretical Framework for Data-Economising Appraisal Procedures with Applications for Rural Development Planning In: R. Longhurst (ed.) IDS Bulletin, Vol 12,4:12-22.

+Bentley, G. et al.
1988 Rapid Ethnographic Assessment. Applications in a Diarrhea Management Program. Soc. Sci. Med. 27, No.1:107-116.

Bierschenk, T., Sauer P., Schafft, H.
1992 Planungshilfe durch Projektsimulation. In: Perspektiven zielorientierter Projektplanung, D. Kohnert, H. Preuß, P. Sauer, eds., München.

+Biggelaar, C. den
1991 The Decision-Making Game: An Adaptable and Flexible Method for Studying Farmer Behaviour and Decision-Making Strategies. Poster Presentation AIAEE Meeting St. Louis MO 28-30 March. Draft. East Lansing, MI 48824, USA.

Blumberg, R. Lesser
1990 Researching Gender and Third World Development: Rapid Rural Appraisal as a Field Method. Association Paper of the ASA-Conference (Dept. Sociology, Univ. of California San Diego, La Jolla 92093).

+Box, L.
1989 Virgilio's Theorem. A Method for Adaptive Agricultural Research. In: Farmer First, R.Chambers, A. Pacey and L.A. Thrupp, eds., Pp 61-71.

Brokensha, D., Warren D.M. and O. Werner (eds.)
1980 Indigenous Knowledge Systems and Development. Lancham, MD.

Bunch, R.
1982 (1985) Two Ears of Corn. A Guide to People Centered Agricultural Improvement. World Neighbours, Oklahoma City.

Byerlee, D. et al.
1980 Planning Techniques Appropriate to Farmers. Concepts and Procedures. CIMMYT, Mexico.

+Cabarle, B. and Zazueta, A.
1992 Gaining Ground. People's Participation in the Tropical Forestry Action Plan for Ecuador. Forests, Trees and People NEWSLETTER 15/16:32-35.

+Cammann, L., ed.
1990 International Course on Rural Finance. A Completion Report. 24. September - 19 October 1990. Jakarta, Bali and Yogyakarta, Indonesia. Deutsche Stiftung für Internationale Entwicklung (DSE), Feldafing. Stiftung für internationale Entwicklung.(DSE), Feldafing.

+Campbell, L. and Gill, G.J.
1992 Extract from: Participatory Rural Appraisal for Nepal: Concepts and Methods. A Guide to the Slide Presentation. RRA-Notes 16.

+Canoog, E.P. and Kievelitz, U.
1989 Social Stratification. Concept, Manual and Case Studies. Philippine-German Cebu-Upland Project, Cebu City.

+Canoog, E.P., Kievelitz U. and V. Steigerwald
1990 Social Stratification Surveys: A Means to Achieve Participation, Poverty Allevation and Target Group Orientation in Programmes of Rural Development. Cebu City. Typescript.

Carruthers,I./R.Chambers
1981 Rapid Appraisal for Rural Development. Agricultural Administration 8,6:407-422.

+Carson, B.
1987 Appraisal of Rural Resources Using Aerial Photography. An Example from a Remote Hill in Nepal. In: Proceedings..., KKU, ed. Pp. 174-190.

+Cebu Upland Project
1989 A Social Stratification of Central Lahug. Cebu City. Typescript.

+Cernea, M.M.
1990 Re-tooling in Applied Social Investigation for Development Planning: Some Methodological Issues. Address to the Opening Plenary Session of the Int. Conference on Rapid Assessment Methodologies, Wash. D.C. November. Pp.12-15.

++Cernea, M., ed.
1991 Putting People First. Sociological Variables in Rural Development. The World Bank, Washington, D.C.

+Chambers, R.
1980 Rapid Rural Appraisal. Rationale and Repertoire. IDS Discussion Paper No. 155, IDS University of Sussex

Chambers, R.
1983 Rural Development. Putting the Last First. (IT), Harlow.

+Chambers, R.
1990 Participatory Mapping and Modelling. Typscript. Notes for the Workshop on Participatory Micro-Watershed Development. Aga Khan Rural Support Programme/Ford Foundation at Ahmedabad, 4-5 April.

++Chambers, R.
1991 Shortcut and Participatory Methods for Gaining Social Information for Projects. In: M. Cernea (ed), Putting People First, 515-537.

+Chambers, R.
1992 Participatory Rural Appraisals. Past, Present and Future. Forest, Trees and People Newsletter 15/16, February:4-9.

+Chambers, R.
n.d.(1992) Rural Appraisal: Rapid, Relaxed and Participatory. IDS. Discussion Paper 311. Brighton.

+ Chambers, R.
n.d.(1992a) Some Sources on Rapid, Relaxed and Participatory Rural Appraisal. IDS. Draft.

Chambers, R.
n.d.(1992b) Participatory Rural Appraisal. IDS. Draft.

Chambers, R.
1992c The Self-Deceiving-State. IDS-Bulletin, Vol. 23/4: 31 - 42.

++Chambers, R. and Carruthers, I.
1986 Rapid Appraisal to Improve Canal Irrigation Performance. Experience and Options. Intern. Irrigation Management Institute (IIMI) Digana Village

+Chambers, R., Pacey, A., and Thrupp, L.A., eds.
1989 Farmer First. Farmer Innovation and Agricultural Research. Intermediate Technology Publications (IT), London.

Checkland, P.B.
1981 Systems Thinking, Systems Practice. John Wiley, Chichester CIMMYT: Centro Internacional de Mejoramiento de Maiz y Trigo 1988 (repr.) Planning Technologies Appropriate to Farmers. Concepts and Procedures. Mexico, D.F.

Collinson, M.
1981 A low-cost Approach to understanding Small Farmers. Agricultural Administration 8,6: 433-450.

Colombani, P. de et al.
1992 Exploring the Potential for Primary Environmental Care. Rapid Appraisal in Squatter Communities in Salvador da Bahia (Brazil). RRA-Notes 16.

Conway, G.
1985 Agroecosystem Analysis. Agricultural Administration 20:31-55.

Conway, G.
1986 Agroecosystem Analysis for Research and Development. Winrock International Institute for Agricultural Development (WIIAD), Bangok, Thailand.

++Conway, G.
1987 Rapid Rural Appraisal and Agroecosystem Analysis. A Case Study from Northern Pakistan. In: Proceedings, KKU, ed.

+Conway, G.
1989 Diagrams for Farmers. In: Farmers First. Chambers/ Pacey/Thrupp, eds., Pp. 77-86.

+Conway, G.R., McCracken, J.A., Pretty, J.N.
1987 Training Notes for Agroecosystem Analysis and Rapid Rural Appraisal. Sustainable Agricultural Programme, IIED, London.

Conway, G.R., McCracken, J.A., Pretty, J.N.
1988 Training Notes for Agroecosystem Analysis and Rapid Rural Appraisal. Indonesia. IIED, London.

Conway, G.R., McCracken, J.A., Pretty, J.N.
1988a Training Notes for Agroecosystem Analysis and Rapid Rural Appraisal. Pakistan. IIED, London.

Conway, G.R., Pretty, J.N., McCracken, J.A.
1987 An Introduction to Agroecosystem Analysis. Sustainable Agriculture Programme, IIED, London.

Conway, G.R. and Sajise, P.J., eds.
1986 The Agroecosystems of Buhi. Problems and Opportunities. University of the Philippines at Los Banos, Laguna, Philippines.

++Cornwall, A. et al.
1989 The Use of Community Theatre in Project Evaluation. An Experiment from Zimbabwe. RRA Notes 6.

Croll, E.J.
1984 Research Methodologies Appropriate to Rapid Appraisal. A Chinese Experience. IDS Bulletin 15,1:51.

++Cromwell, G.
1989 Rapid Assessment of Artisanal Systems: A Case Study of Rural Carpentry Enterprise in Zimbabwe. Typescript.

Department of Agriculture, FSRD Division (Nepal)
1986 and 1987 Naldung Farming Systems Site. 'Samuhik Bhraman'Report nos. 5,1986 and 7,1987. Khumattar, Nepal.

+Dorman, F.
1991 A Framework for the Rapid Appraisal of Factors that Influence the Adoption and Impact of New Agricultural Technology. Human Organization 50,3:235-244.

+Douet, H. and Lecomte, B.
1988 Die partizipative Evaluierung. Eine Bestandsaufnahme. Überarbeitete deutsche Übersetzung: G. Baum. GTZ, Eschborn.

Dunn,T. and A. McMillan
1991 Action Research. The Application of Rapid Rural Appraisal to Learn About Issues of Concern in Landcare Areas near Waga Waga, NSW. Draft.

Edwards, R.J.A.
1987 Farmers' Knowledge Utilisation of Farmers' Soil and Land Classification in Choice and Evaluation of Trials (Zambia). IDS Workshop. Sussex.

Eklund, P.
1988 Extension Programme Redesigned. A Rapid Rural Assessment in Zambia. Quarterly Journal of International Agriculture 27, 3-4:289-298.

Ellman, A.O.
1972 Agricultural and Socio-Economic Survey of South Sudan Refugee Settlements and Surrounding Areas in Gambela Awraja, Ethiopia. Institute of Agricultural Research, Addis Ababa, Ethiopia.

Ellman,A.
1981 Rapid Appraisal for Rural Project Preparation. Agricultural Administration, 8:463-471.

Eyben, R.
1979 Rapid Appraisal in Non Formal Education. An Account of an On-going Research Experience with United Nations Project, presented at the Conference on Rapid Rural Appraisal, Dec. 4-7, Institute of Development Studies (IDS), University of Sussex, England.

FAO: Food and Agriculture Organization of the United Nations, ed.
1986 Report on the Use of Theatre, Puppets, Mime, Story-Telling as a Forestry Extension Tool. Field Document no. 20.
Government of the Republic of Sudan (GCP/033/SUD/NET) to FAO, Rome, Italy.

+FAO: Food and Agriculture Organization of the United Nations, ed.
1990 The Community's Toolbox. The Idea, Methods and Tools for Participatory Assessment, Monitoring and Evaluation in Community Forestry. Rome. (prep. by D'Arcy Davis Cane).

Farrington, J. (ed)
1988 Experimental Agriculture, vol. 24 part 3.ODI, London.

Farrington, J. and Martin, A.
1988 Farmer Participation in Agricultural Research. A Review of Concepts and Practices. Agriculturtal Administration Occasional Paper 9, ODI, London.

+Fernandez, A.P., Mascarenhas J. and Ramachandran, V.
1991 Sharing Our Limited Experience for Trainers. PRA or PALM. In: Participatory Rural Appraisal. Mascarenhas et al. eds., Pp. 58-68.

+Fernandez, M.
1988 Towards a Participatory System Approach. New Demands and Research Methodologies. ILEIA-Newsletter, Oct., 4,3:15-17.

+Floquet, A. and Lühe, N. v.d.
1992 Atelier sur les methodes de diagnostic rapide en milieu rural.
Vol. 1: Rapport des diagnostique rapide; Vol 2: Photo-Rapport. GTZ, Eschborn.

+Floquet, A., Mongbo, R.
1992 Pour une autogestion durable des ressources naturelles: le diagnostic concerté des modes de gestion des ressources naturelles (R.R.A.): première étape d'une stratégie de sensibilisation des populations rurales et des intervenants en matière environmentale. Cebedes. GTZ, Eschborn.

Folch-Lyon, E. and Trost, J.F.
1981 Conducting Focus Group Sessions. Studies in Family Planning, 12,12, Dec. Part 1, special issue "Focus Group Research", Pp.443-449.

Ford, R. et al.
1992 Sustaining Development Through Community Mobilization: A Case Study of Participatory Rural Appraisal in the Gambia. publ. by Program for International Development, Clark University, in Association with Action Aid/The Gambia.

Freire, P.
1968 Pedagogy of the Oppressed. New York.

+Freudenthal S. and Narrowe J.
1991 Community Baseline Studies. Towards Understanding Context and Concerns in Community Forestry. Development Studies Unit (DSU). Uppsala, Report no. 19.

Friedrich, K.-H.
1986 Arbeitsanleitung. Zielgruppenbezogene Informationssammlung und -auswertung. GTZ, Eschborn, Januar (Projekt Datenerfassung und -auswertung, Hauptabteilung 1)

++Feuerstein, M.
1986 Partners in Evaluation: Evaluating Development and Community Programmes with Participants. Teaching Aids at Low Cost, St Albans, UK.

Farming Systems Research Unit (FSRU)
1991 Structural Adjustment and Communal Area Agriculture in Zimbabwe. Case Studies from Mangwende and Chivi Communal Areas. A Report of a Rapid Rural Appraisal Exercise. FSRU, Dept. of Research and Specialist Services, Ministry of Lands, Agriculture and Rural Settlement, Harare, Zimbabwe, November.

+Gagel, D.
1990 Aktionsforschung. Methoden partizipativer Projektplanung und -durchführung in der Entwicklungszusammenarbeit. Heidelberg.

+Gagel, D.
1990a Wie erreichen wir ländliches Handwerk und informellen Sektor? E+Z,2:20-21.

+Gagel, D. and Talata, D.
1988 Rapport concernant la réalisation du programme "Enquête-participation menée dans quatre régions du Niger sur les possibilités de coopération dans le domaine de l'artisanat PN 78.2080.6-01.202. GTZ, Eschborn.(franz.; engl; deutsch)

++Galt, D.L.
1987 How Rapid Rural Appraisal and other Socio-economic Diagnostic Techniques fit into the Cyclic FSR/E Process. In: Proceedings..., KKU,ed.

+Ghirotti, M.
1992 A Simple Method for Scoring Housing Conditions as Income Proxy in Ethiopia. RRA Notes 15.

++Gibbs, C.J.N.
1987 Rapid Rural Appraisal: an Overview of Concepts and Applications. In: Proceedings..., KKU ,ed.

+Gibson, T.
1991 Planning for Real. RRA Notes 11: 29-30.

Gilbert, E.H. et al.
1980 Farming Systems Research. A Critical Appraisal. MSU Rural Development Paper No 6, Dept. of Agricultural Economics, Michigan State University, East Lansing, Michigan 48824.

+Gill, G.
1991 But How Does it Compare with the Real Data?
RRA Notes 14:5-13.

Gill, G., ed.
(forthcoming) Rapid and Participatory Rural Appraisal for Nepal. A Practical Handbook. Winrock International, Kathmandu, Nepal.

+Görgen, R.
1992 Neue Ansätze in der landwirtschaftlichen Beratung: Die Focus-Group-Methode. Entwicklung und ländlicher Raum, 2:26-27.

+Gohl, E.
1992 Participative Impact Monitoring. Guidelines for the Case Studies. Working Paper prepared for German Appropriate Technology Exchange (GATE). Stuttgart, June.

+Grandin, B.E.
1988 Wealth Ranking in Smallholder Communities. A Field Manual. Intermediate Technology Publications (IT), London.

++Grandstaff, S.W. and Buranakanonda, A.
1987 Bibliography on Rapid Rural Appraisal. In: Proceedings...KKU ed., Pp. 129-143.

Grandstaff, S.W. and Grandstaff, T.B.
1987 Semi-Structured Interviewing by Multidisciplinary Teams in RRA. In: Proceedings..., KKU, ed.

Grandstaff, T.B. and Grandstaff, S.W.
1987 A Conceptual Basis for Methodological Development in Rapid Rural Appraisal. In: Proceedings..., KKU (ed.),Pp 69-88.

Grandstaff, T.B. and Messerschmidt, D.A.
1992 Manager's Guide to the Use of Rapid Rural Appraisal. Farm Management & Production Economic Service Agricultural Services Division. Food and Agriculture Organization of the United Nations (FAO) Rome. Draft.

Grandstaff, T.B. et al., ed.
(forthcoming) RRA Training. Three Volumes. Rural Systems Research Project. Khon Kaen University, Thailand, and The Food and Agriculture Organization of the United Nations (FAO). Rome.

Groenfeldt, D.
1989 Guidelines for Rapid Assessment of Minor Irrigation Systems in Sri Lanka. Working Paper no. 14, International Irrigation Management Institute, Sri Lanka.

+GRET: Groupe de recherche et d'échanges technologiques
1990 Diagnostic rapide. Paris.

+GTZ: Deutsche Gesellschaft für Technische Zusammenarbeit
1992 Methods and Instruments for Project Planning and Implementation. Open Orientation Phase - The Concept. Div. 425, Section 1002. Eschborn. January.

+GTZ: Deutsche Gesellschaft für Technische Zusammenarbeit
1992a Ländliche Entwicklung Boundiali. Ein Projekt der deutsch-ivorischen Zusammenarbeit. Wie Analphabetinnen zu Managerinnen werden können. Ländergruppe 1021. Eschborn.

+ GTZ: Deutsche Gesellschaft für Technische Zusammenarbeit
1992b Der Funke ist übergesprungen. Fallstudie eines Projektes zur
Verbesserung der dörflichen Landnutzung (PATECORE) in Burkina
Faso (Kurzfassung). GTZ, Eschborn. (deutsch, franz., engl, span.)

+Guerra, Alvaro
1992 Informe Final del Sondeo Realizado en la Communidad del Cruz
Chich Del Municipio de Jayabaj, Depto. el Quiche del 2-7 al 30 de abril
de 1992. (GTZ, Div. 425). Draft (span.).

+Gueye, B. and Schoonmaaker-Freudenberger, K.
1991 Introduction à la methode accelerée de recherche participative
(MARP). Quelques notes pour appuyer une formation pratique. Deu-
xième edition (franz.; engl.)

+Guijt, I.M., ed.
1992 From Input to Impact. Participatory Rural Appraisal for Action
Aid the Gambia. March 1992. Report of a Training and Village Studies.
ActionAid The Gambia/ IIED, London.

Guijt, I.M. and Neejes, K.
1991 Technicas de Communicacao Para Extensionistas. Relatorio dum
Seminario em Diagnostica Rural (Rapido) Participativo Santo Anao,
Cape Verde. SARDEP, Cape Verde and IIED, London. (port.).

+Gupta, A.K./IDS Workshop
1989 Maps Drawn by Farmers and Extensionists. In: Farmer First.
Chambers/Pacey/Thrupp, eds., Pp.86-92.

+Hahn, A.
1991 Apprendre avec les yeux, s'exprimer avec les mains. Des Paysans
se forment à la gestion du terroir. Notes sur un atelier au Yatenga, Burkina Faso. Septembre 1990. AGRECOL, Therwil, Suisse.

Harvey, J., Potten D.H., Schoppmann, B.
1987 Rapid Rural Appraisal of Small Irrigation Schemes in Zimbabwe.
Agricultural Administration and Extension 27,3, 1987:141-155.

+Heaver, R.
1992 Participatory Rural Appraisal: Potential Applications in Family
Planning, Health and Nutrition Programmes.

Hildebrand, P.
1981 Combining Disciplines in Rapid Appraisal. The Sondeo Approach. Agricultural Administration 8,6:324-432.

Hildebrand, P.E., ed.
1986 Perspectives on Farming Systems Research and Extension. Boulder Colorado.

+Hildebrand, P.E. and Ruano, Sergio
1982 El Sondeo. Una metodología multidisciplinaria de caracterizacíon de sistemas de cultivo desarrollada por el ICTA. Bolleto Técnico 21, Noviembre. (span.).

+Hoeper, B. (comp.)
1991 Qualitative versus Quantitative Approaches in Applied Empirical Research in Rural Development. A Documentation of the Workshop at Sokoine University of Agriculture, Mongoro/Tanzania. 21-26 May, 1990. Deutsche Stiftung für internationale Entwicklung,(DSE), publ. Zentralstelle für Erziehung, Wissenschaft und Dokumentation, Bonn.

+Holtzman, J.S.
1986 Rapid Reconnaissance Guidelines for Agricultural Marketing and Food System Research in Developing Countries. MSU International Development Papers, Working Paper no. 30. Michigan State University, East Lansing, Michigan 48824-1039. USA

+Honadle, G.
1979 Rapid Reconnaissance Approaches to Organizational Analysis for Development Administration. Development Alternatives, Inc. (DAI). Working Paper No.1.DAI.

+Hosain, M.
1991 Rapid Appraisal for Women in the North West Frontier of Pakistan. RRA Notes 12:21-31.

Hoskins, M.
1986 Participatory Action Research Information Gathering Methods (draft). The East-West Centre, Hawaii, USA.

+Howes, M. (comp.)
1991 Rapid Rural Appraisal Field Training and Research Exercise. Including an Assessment of the Impact of a BRAC Deep Tubewell Group. Chandipur Village, Jessore 7-12 December.(IDS). Draft.

+Huizer, G.
1989 Action Research and People's Participation. An Introduction and Some Case Studies. Nijmegen, The Netherlands.

IDS: Institute of Development Studies, ed.
1979 Summary Report of a Conference on Rapid Rural Appraisal held at IDS, on 4-7 December 1979.

IDS: Institute of Development Studies, ed.
1981 Rapid Rural Appraisal. Social Structure and Rural Economy. Longhurst, R., ed., IDS Bulletin, 12,4.

++ILEIA: Information Centre for Low External Input Agriculture
1988 Participatory Technology Development in Sustainable Agriculture. Proceedings of the ILEIA, Leusden, Holland.

+ILEIA:Information Centre for Low External Input Agriculture
n.d. Participatory Technology Development in Sustainable Agriculture, An Introduction. A Compilation on ILEIA Articles. Selected Bibliography. Leusden/NL.

++IIED: International Institute for Environment and Development
1988 Alpuri. Rapid Agroecosystem Zoning. London.

++IIED: International Institute for Environment and Development
1992 Sustainable Agriculture Programme, IIED. A Strategy for Post-UNCED Programme Development 1992-1995. Draft.

+IIED and FARM AFRICA, eds.
1991 Farmer Participatory Research in North Omo, Ethiopia. Report of a Training Course in Rapid Rural Appraisal held at Soddo, July 16th-27th 1991.

+Inglis, A,
1991 Harvesting Local Forestry Knowledge. A Comparison of RRA and Conventional Surveys. RRA-Notes 12:32-40.

Ison, R.L. and Ampt, P.R.
1992 Rapid Rural Appraisal. A Participatory Problem Formulation Method Relevant to Australian Agriculture. Agricultural Systems, 38,4:363-386.

++Jamieson, N.
1987 The Paradigmatic Significance of RRA. In: Proceedings...KKU, ed. Pp. 89-102.

Jamieson, Neil, ed.
1991 Wood Fuel Flows. Rapid Rural Appraisal in Four Asian Countries. Regional Wood Energy Development Programme Field Document 26. FAO Regional Office for Asia and the Pacific, Bangkok.

Jintrawet, A. et al.
1985 Extension Activities for Peanuts after Rice in Ban Sum Jan, Northeast Thailand. A Case Study in Farmer-to-Farmer Extension Methodology. Farming Systems Research Project, Khon Kaen University, Khon Kaen, Thailand.

+Johansson, L. and Hoben, A.
1992 RRA's for Land Policy Formulation in Tanzania. Forests, Trees and People NEWSLETTER 15/16:26-31.

+Johnson, S.
1991 Revolutionary Rural Appraisal? RRA-Notes 12,8:8.

Joseph, Sam
1991 Lead Time, Lag Time: RRA/PRA in ActionAid. ActionAid, Bangalore, India.

Kabutha, C. et al.
1991 Assessing Mbusyani: Using Participatory Rural Appraisal for Sustainable Resources Management. Clark University, Worcester, USA.

Kiara, J.K. et al.
1990 Rapid Catchment Analysis. An Application of Rapid Rural Appraisal to the Catchment Approach of the Soil and Water Conservation Branch (SWCB) Ministry of Agric., Kenya. (available from SWCB, M.A., Hill Plaza, Ngong Road, Nairobi, Kenya).

+Kievelitz, Uwe
1987 Partizipative Planung mit Beteiligten und Betroffenen von Entwicklungsprojekten. Ein Handlungsrahmen. in: GTZ-Handbuch Interkulturelles Management - Materialband. Eschborn.

+Kievelitz, U.
1990 Armutsbekämpfung und Zielgruppenorientierung. Venancio, Carmencita und die Armut. Soziale Stratifizierung - eine Methode zur Armuts- und Zielgruppenorientierung in ländlichen Entwicklungsprojekten. E+Z 11:7-8.

+Kievelitz, U.
1991 How to reach the Poor in a Rural Population. Experiences from a German Project in the Philippines. In: D+C 2:20.21.

Kievelitz, U.
1992a Armuts-und Zielgruppenorientierung durch soziale Stratifizierung. In: Perspektiven zielorientierter Projektplanung in der Entwicklungszusammenarbeit. D. Kohnert, H. Preuss, P. Sauer eds., München, Pp. 75-80.

+Kievelitz, U., ed.
1992 Participation in Project Cooperation: Its Possibilities, Forms, and Limits. A Case example from the Philippines. Deutsche Stiftung für internationale Entwicklung (DSE), Bad Honnef.

+Kievelitz, U./Reineke, R.-D.
1992 Die Analyse von Organisationskulturen - eine Herausforderung für die Feldforschung. In: Deutsch-deutsche Unternehmen, G. Aßmann/K.Backhaus/J. Hilker, eds., Pp. 302-320.

+Kievelitz, U./Reineke, R.-D.
1992a Rapid Appraisal of Organizational Cultures. A Challenge for Field Work. RRA-Notes, forthcoming.

++KKU: Khon Kaen University, ed.
1987 Proceedings of the 1985 International Conference on Rapid Rural Appraisal, Rural Systems and Farming Systems Research Projects, University of Khon Kaen, Thailand.

Knipscheer, H.C. and Suradisastra, K.
1986 Farmer Participation in Indonesian Livestock Farming Systems by Regular Research Field Hearings (RRFH). Agricultural Administration 22:205-216.

Kochendörfer-Lucius G. and Osner, K.
1991 Development Has Got a Face: Lifestories of Thirteen Women in Bangladesh on People's Economy. Results of the International Exposure and Dialogue Programme of the German Commission of Justice and Peace and Grameen Bank in Bangladesh, October 14-22, 1989. Reihe: Gerechtigkeit und Frieden, Deutsche Kommission Justitia et Pax, Kaiserstr. 163, D-5300 Bonn 1.

Kumar, K.
1987 Rapid, Low-Cost Data Collection Methods for A.I.D. USAID Program Design and Evaluation Methodology Report 10. United States Agency for International Development (AID), Washington, D.C.

Kumar, K.
1987a Conducting Group Interviews in Devloping Countries.A.I.D. USAID Program Design and Evaluation Methodology Report 8. United States Agency for International Development (AID), Washington, D.C.

Kumar, K.
1989 Conducting Key Informant Interviews in Developing Countries. A.I.D. USAID Program Design and Evaluation Methodology Report. United States Agency for International Development (AID), Washington, D.C.

+Kumar, S. and Kumari, S.
1991 The Thippapur Experience: A PRA Diary. RRA Notes 14.

+LaFond, A.
1992 Qualitative Methods for Assessing the Acceptability of Immunization in Somalia. RRA-Notes 16.

+Lamug, C.B.
1989 Community Appraisal Among Upland Farmers. In: Farmer First. Chambers/Pacey/Thrupp, eds., Pp. 73-76.

+Leurs, R.
1989 Using Rapid Rural Appraisal for Project Identification. Report on a Training Exercise in Jama'are Local Government Area, Bauchi State, Northern Nigeria. Development Administration Group. University of Birmingham. June. Draft. (see also: RRA Notes 6)

+Lewin, A.C.
n.d. Neighbourhood Participation in Urban Projects. The Role of Donor Agencies. Typescript.

++Lightfoot, C. et al.
1989 Systems Diagrams to Help Farmers Decide in On-Farm Research. In: Farmer First. Chambers/Pacey/Thrupp, eds., Pp. 93ff

++Limpinuntana, V.
1987 Conceptual Tools for RRA in Agrarian Society. In: Proceedings...,
KKU, ed.,Pp 144-173.

+Ljungman, C. and Freudenthal, S.
1991 Baseline Methodologies and Community Forestry. An Annotated
Bibliography. Development Studies Unit (DSU). Stockholm.

Lohani, B.N, and Halim, N.
1987 Recommended Methodologies for Rapid Environmental Impact
Assessment in Developing Countries. Experiences Derived from Case
Studies in Thailand. In: Natural Resources and the Environment Series, 19. London.

++/+McCracken, J.A.
1988 Participatory Rapid Rural Appraisal in Gujarat. A Trial Model for
the Aga Khan Rural Support Programme. IIED, London.

McCracken, J.A.
1988a Topical Rapid Rural Appraisal. Paper Presented at the ILEIA
Workshop on Operational Approaches for Participative Technology
Development in Sustainable Agriculture, April 11-12, ILEIA, Leusden,
Netherlands.

McCracken, J.A.
1988b A Working Framework for Rapid Rural Appraisal. Lessons from
a Fiji Experience. IIED, London.

McCracken, J.A. and Conway, G.R.
1988 Training Notes for Agroecosystem Analysis and Rapid Rural Appraisal. Ethiopia. IIED, London.

++McCracken, J. and Mearns, R.
1989 Action Aid in Local Partnership. An Experiment with Rapid Rural Appraisal in Ethiopia. IIED, London.

++/+McCracken, J.A., Pretty, J.N. and Conway, G.R.
1988 An Introduction to Rapid Rural Appraisal for Agricultural Development. IIED, London.

+Malhotra, K.C. et al.
1992 Rapid Appraisal Methodology Trials in Southwest Bengal: Assessing Natural Forest Regeneration Patterns and Non-Wood Forest Pro-
duct Harvesting Practices. Forests, Trees and People NEWSLETTER,
15/16:18-25

+Mascarenhas, J.
1991 Participatory Rural Appraisal and Participatory Learning Methods. Recent Experiences from MYRADA and South India. In: Mascarehas et al., eds., Pp. 49-57.

+Mascarenhas, J.
1992 Participatory Rural Appraisal and Participatory Learning Methods. Recent Experiences from MYRADA and South India. Forests, Trees and People NEWSLETTER, 15/16:10-17.

+Mascarenhas, J. and Kumar P.
1991 Participatory Mapping and Modelling. Users'Note. RRA Notes 12:9-20.

++/+Mascarenhas, J. et al., eds.
1991 Participatory Rural Appraisal. Proceedings of the February 1991 Bangalore PRA Trainers Workshop, RRA-Notes 13. IIED, London.

+Mathema, S.B. and Galt, D.L.
1989 Appraisal by Group Trek. In:Farmer First. Chambers/ Pacey/ Thrupp, eds., Pp. 68-73.

MFVDP: Malakand Fruit and Vegetable Development Project
1988 Rapid Agroecosystem Zoning of Alpuri, North West Frontier Province, Pakistan. ed. by J. Pretty MFVDP, Mingora, Swat and IIED, London

++Maxwell, S.
1989 Rapid Food Security Assessment: A Pilot Exercise in Sudan. RRA Notes 5.

+Maxwell. S.
1990 Attitudes to Income-Earning Opportunities. Report of a Ranking Exercise in Ethiopia. RRA-Notes, 8.

+Mearns, R.
1988 Direct Matrix Ranking in Papua New Guinea. RRA Notes 3.

+Mearns, R. et al.
1992 Direct and Indirect Uses of Wealth Ranking in Mongolia. RRA Notes 15.

Messerschmidt, Donald A.
1991 Rapid Apprasial for Community Forestry. The RA Process and Rapid Diagnostic Tools. IOF Project Technical Paper 91/2. Institute of Forestry, Pokhara, Nepal. (Revised Edition Forthcoming: IIED, London.)

Mitchell, J. and Slim, H.
1991 Listening to Rural People in Africa. The Semistructured Interview in Rapid Rural Appraisal. Disasters 15,1,Mar.68-72.

Molnar, A.
1988 RRA and Participatory Planning Methods for Land-Based Natural Resource Management Projects. August, Report for FAO Forest Department and World Bank (ASTEN). Draft.

+Molnar, A.
1989 Community Forestry. Rapid Appraisal. Community Forestry Note 3. FAO/SIDA: Forests, Trees and People. Rome.

Molnar, A.
1989a A Review of Rapid Appraisal Tools for Use in Natural Resources Management Planning and Project Design Execution. Draft Paper for FAO Forest Dept. and Asia Environment Div., World Bank, June.

+Moser, C. O.N.
1989 Community Participation in Urban Projects in the Third World. Progress in Planning, 32:71-133.

++Müller, E. and Scherr, S.J./ICRAF
1990 Planning Technical Interventions in Agroforestry Projects. Agroforestry Systems, 11.

+Müller-Glodde, U.
1991 Where there is no Participation. Insights, Strategies, Case Studies, Do's and Dont's in Regional Development, Asia. GTZ, Eschborn. (engl., franz; span.Fassungen)

+Nagel, U.J. (comp.)
1989 Workshop on Rapid Rural Appraisal. Held for the Thai-German Highland Development Programme Chiang Mai (Thailand) on September 29, 1989. Berlin, October 10. Typescript.

++/+Nagel, U.J. et al.
1989 Focussing Formal Surveys. The Use of Rapid Rural Appraisal for Designing a Survey in Nam Lang (Thailand). Berlin: CATAD.

NERAD Handbooks
1988- A set of 17 handbooks in Thai. Northeast Rainfed Agricultural Development Project, Tha Phra, Khon Kaen, Thailand (Some are already available in English). IIED, London.

NES: National Environment Secretariat,
1989 Ministry of Environment and Natural Resources (Nairobi, Kenya) and Program for International Development, Clark University, Worcester, Mass.: An Introduction to Participatory Rural Appraisal for Rural Resources Management. Worcester.

NES: National Environment Secretariat,
1991 Ministry of Environment and Natural Resources (Nairobi, Kenya) et al. (comp.): Participatory Rural Appraisal Handbook. Conducting PRAs in Kenya. World Resources Institute (WRI) Washington D.C.

NES: National Environment Secretariat,
1992 Ministry of Environment and Natural Resources (Nairobi, Kenya), Program for International Development, Clark University, Worcester, Mass., and Egerton University, Njoro, Kenya, eds.: Implementing PRA: A Handbook to Facilitate Participatory Rural Appraisal. Worcester.

+Paliniswamy, A. et al., eds.
1992 Participatory Rural Appraisal for Agricultural Research at Paiyur, Tamil Nadu (India). IIED, London.

+Palleschi, M.P.
1990? Guide des outils pédagogiques pour la formation des techniciens et ingénieurs en milieu rural. GRET, Paris.

+Pillot, D.
1991 Diagnostic Rapide d'exploitations agricoles familiales. Approche méthodologique appliquée au cas de la commune de Cong Hoa delta du fleuve rouge Vietnam. GRET, Paris.

PALM Series 1-5 and continuing. MYRADA, Banaglore, India.

Potten, D.H.
1985 Rapid Rural Appraisal. Emergence of a Methodology and its Application to Irrigation. A Bibliographical Review. Paper presented at the Review and Development Seminar on Selected Issues in Irrigation Management, International Irrigation Management Institute, Sri Lanka, July.

++Pretty, J.N
1988 Rapid Agroecosystem Zoning of Alpuri sub-division, Swat district; Northwest Frontier Province, Pakistan. (MFVDP), Mingora.

++Pretty, J.N.
1989 Rapid Rural Appraisal Training for the Rainfed Farming Project, India. IIED, London.

+Pretty, J.N.
1990 Rapid Catchment Analysis for Extension Agents. Notes on the 1990 Kericho Training Workshop for the Ministry of Agriculture, Kenya. IIED, London.

+Pretty, J.N.
1991 Participatory Rural Appraisal for Farmer Participatory Research. Notes on two Training Workshops. Tamil Nadu Agricultural University, Tamil Nadu, India.

Pretty, J.N. and Chouangcham, I.A.
1988 Preference Ranking. Agricultural Development Tools Handbook H1, Khon Kaen: NERAD.

++Pretty, J.N. and Scoones, I.
1989 Rapid Rural Appraisal for Economics. Exploring Incentives for Tree Management in Sudan. IIED, London.

Pretty, J.N. et al.
1988 Agroecosystem Analysis Training in Central and East Java, Indonesia. IIED, London.

Pretty, J.N. et al.
1992 (in press) Participatory Rural Appraisal. A Guide for Trainers. PRA Handbook 1. IIED Training Material and Teaching Aids Series. IIED, London.

Pretty, J.N. et al.
1992a (in press) Semi-Structured Interviewing and Informal Survey Methods. PRA Handbook 2. IIED Training Materials and Teaching Aids Series. IIED, London.

Pretty, J.N. et al.
(forthcoming) A Sourcebook for PRA/RRA. IIED, London.

+Prince of Songkla University et al.
1990 (repr.) Farming Systems Research and Development in Thailand. Illustrated Methodological Considerations and Recent Advances. The Thai-French Farming Systems Research Project. Haad Yai, Thailand (GRET).

+Quiros, C.A., Gracia, T. and Ashby, J.A.
1992 Evaluaciones de Tecnológica con Productores: Metodología para la Evaluación Abierta. Unidad de Instrucción No. 1. Projecto IPRA. Centro Internacional de Agricultura Tropical (CIAT), Cali, Colombia. (span.; engl.)

Raintree, J.B. and Young, A.
1983 Guidelines for Agroforestry Diagnosis and Design. ICRAF Working Paper no. 6, International Council for Research in Agroforestry (ICRAF) Nairobi, Kenya.

Raintree, John, ed.
1986 An Introduction to Agroforestry Diagnosis and Design. ICRAF, Nairobi, Kenya.

Raintree, John
1987 The State of the Art of Agroforestry Diagnosis and Design. Agroforestry Systems 1987; Special Issue on ICRAF's 10th Anniversary.

+Report of the Participatory Appraisal on Women in the Gaza Strip. 1990: October. Gaza. Typescript.

+Rhoades, R.
1982 The Art of the Informal Agricultural Survey. International Potato Centre (CIP) Lima, Peru.

+ Rhoades, R.E.
1986 (reimpr.) Para Comprender a los pequenos agricultores. Perspectivas socioculturales de la investigacion agricola. Centro Internacional de la Papa (CIP). Lima. (span.)

++Rhoades, R.E.
1987 Basic Field Techniques for Rapid Rural Appraisal. In: Proceedings..., KKU, ed.

+Rhoades, R.E.
1989 (reimpr.) El arte informal agricola. Centro Internacional de la
Papa (CIP). Lima. (span.)

Richards, P.
1992 Rural Development and local Knowledge. The case of rice in central Sierra Leone. Entwicklungsethnologie 1, 1992, Pp. 33-42.

+Rifkin, S.
1992 Rapid Appraisal for Health: An Overview. RRA-Notes 16:7-12.

+Rosen, M.
1991 Coming to Terms with the Field. Understanding and Doing Organizational Ethnography. Journal of Management Studies 28,1, January: 1-24.

+RRA Notes
1, 1988 - 16, 1992 (and continuing). International Institute for Environment and Development (IIED). London.

+Rudqvist, A.
1991 Fieldwork Methods for Consultations and Popular Participation.
Popular Participation Programme Working Paper no. 9. Development
Studies Unit (DSU). Stockholm.

+Rudqvist, A. and Tobisson, E.
1990 Participatory Data Collection, Analysis and Reporting. Workshop
Report, Kwale Water and Sanitation Project, Kwale, Kenya 5-14 November 1990. Popular Participation Programme, Working Paper No.
10. Development Studies Unit (DSU), Stockholm.

Rugh, J.
1985 Self Evaluation. Ideas for Participatory Evaluation of Rural Development Community Projects. World Neighbours, Oklahoma City,
USA.

Russell, D.B. and Ison, R.L.
1991 The Research- Development Relationship in Rangelands. An Op-
portunity for Contextual Science. Plenary Paper for Fourth International Rangeland Congress,. Montpellier, France 22-26 April.

Sachs, W., ed.
1992 The Development Dictionary. A Guide to Knowledge as Power. London and New Jersey (Zed Books).

+Salmen, L.F.
1987 Listen to the People. Participant-Observer Evaluation of Development Projects. Oxford Univ. Press; Publ. for the World Bank.

+Salmen, L.F.
1992 Beneficiary Assessment. An Approach Described. The World Bank. Technical Note, January.

+Salmen, L.F.
n.d. (1992) Beneficiary Assessment Review. An Initiating Memorandum for a Regional Study. B.A.R. Draft papers.

+Sarch, M.-T.
1992 Wealth Ranking in the Gambia: Which Household Participated in the FITT Programme? RRA Notes 15.

+Schaefer, S.
1992 The "Beans Game"- Experiences with a Variation of Wealth Ranking in the Kivu Region, Eastern Zaire. RRA-Notes 15.

+Scheuermeier, U.
1989 RRA. Rapid Rural Appraisal. Kurzer Beschrieb. Stärken und Schwächen. Konkrete Folgerungen für die Praxis. Bern (Typescript).

+Scheuermeier,U./ Ison, R.
1992 Together get a Grip on the Future. An RRA in the Emmental of Switzerland. RRA Notes 15.

+Scheuermeier, U. et al. (comp.)
1991 Bäuerliches Überleben in benachteiligten Regionen. Eine Kurzuntersuchung (RRA-Rapid Rural Appraisal) in der Gemeinde Sonntag im Großen Walsertal, Vorarlberg vom 30. Mai - 2. Juni 1991 AGRECOL (Typescript).

Scoones, I.C., ed.
1989 Participatory Research for Rural Development in Zimbabwe. A Report of a Training Workshop for ENDA Zimbabwe Trees Project. ENDA Zimbabwe, Harare and IIED, London.

++Scoones, I. and McCracken, J., eds.
1989 Participatory Rapid Rural Appraisal in Wollo, Ethiopia. Peasant Association Planning for Natural Resource Management. IIED, London and Ethiopian Red Cross Society (ERCS). July.

+Scrimshaw, S. and Hurtado, E.
1988 Rapid Assessment Procedures for Nutrition and Primary Health Care. Tokyo, The United Nations University, UNICEF, Los Angeles, UCLA Latin American Centre Publications. (engl. franz., span.). vgl. auch "Videos!"

+Seminar für Landwirtschaftliche Entwicklung (SLE/CATAD)
1990 Différenciation de la population-cible du Projet Kabare à la base d'une analyse socio-économique dans la région du Kivu, Zaire. Berlin.

+Seminar für Landwirtschaftliche Entwicklung (SLE/CATAD)
1991 Appropriate Land Use Systems for Shifting Cultivators. Technical and Institutional Proposals for a Rural Community Development Programme Based on a Participatory Approach in Kota Marudu District/Sabah (Malaysia). Berlin.

+Seminar für Landwirtschaftliche Entwicklung (SLE/CATAD)
1991a Crop Diversification and Food Security on Household Level with Special Reference to the Cultivation of Vegetables and Fruit Trees. The Case of Ufipa Plateau, Rukwa, Tanzania. Berlin.

Shah, T.
1988 Gains from Social Forestry. Lessons from West Bengal. IDS Discussion Paper No. 243, 22p. Institute of Development Studies (IDS), University of Sussex, Brighton.

+Shah, P., Bharadwai, G. and Ambastha, R.
1991 Participatory Rural Appraisal and Planning (PRAP). The Experience of the Aga Khan Rural Support Programme (AKRSP). In: Mascarenhas et al., eds, Pp. 69-83.

+Shah, P., Bharadwai, G. and Ambastha, R.
1991a Participatory Impact Monitoring of a Soil and Water Conservation Programme, In: Mascarenhas et al., eds, Pp128-131.

Shaner, W.W., Philipp, P.F. and Schmehl, W.R.
1982 Farming Systems Research. and Development. Guidelines for Developing Countries. Boulder, Colorado.

Shostak, M.
1982. Nisa erzählt. Reinbek.

++Soussan,J./Gevers,E.
1989 Rapid Appraisal for Fuelwood Planning in Nepal, RRA Notes
5:11-14.

+SPEECH: Society for Peoples' Education and Economic Change
1991 Workshop on Participatory Rural Appraisal for Planning Health
Projects. October 02. - 05 (2/96 - A, North Car Street, Tiruchuli 626, Ka-
ramajar Dt, India.

+Stephens, A.
1988 Participatory Monitoring and Evaluation. Handbook for Training
Field Workers. FAO/RAPA Publications 2. Bangkok; Rome.

Stocking,M and Abel, N.
1981 Ecological and Environmental Indicators for the Rapid Appraisal
of Natural Resources. Agricultural Administration, 8:473-484.

Subadhira, S. and Y. Apichetvullop
1987 Rapid Rural Appraisal in the Northwest Thailand Upland Social
Forestry Project, presented at Regional Workshop on Planning Self--
Help Fuelwood Projects in Asia, February 2-14, Khon Kaen, Thailand.

++Subadhira, S. et al.
1987 Fuelwood Situation and Farmers' Adjustment in Northeastern
Thai Villages. In: Proceedings... KKU, ed.

+Suelzer, R.
1987 Working with the People. A Model of Stimulating Self-Sustaining
Development Processes. Der Tropenlandwirt, Beiheft Nr. 32:64-84.

Suelzer, R. and Sharma, K.
1986/87 Working with the People. Some Experiences with the People
Centered Approach (PDPP) in the Tinau Watershed Project 1983-1986.
Draft.

+Sutton, J.A. and D'orr B.
1991 The Use of the School Essay as an RRA Technique. A Case Study
from Bong County, Liberia. RRA Notes 14.

Swift, J.
1981 Rapid Appraisal and Cost Effective Participatory Research in Dry
Pastoral Areas of West Africa. Agricultural Administaration 8:485-492.

Theis, J.
1989 Handbook for Using Rapid Rural Appraisal Techniques in Planning, Monitoring and Evaluation of Community-Based Development Projects. Save the Children (SC) Khartoum, Sudan.

+Theis, J./H.M. Grady
1991 Participatory Appraisal for Community Development. A Training Manual Based on Experiences in the Middle East and North Africa. IIED and Save the Children, London (arabische Version bei: Centre for Development Services,4, Ahmed Pasha Street, Citibank Building (6th Floor), Garden City, Cairo, Egypt).

++Thomas, D.E. and Suphanchachaimat, N.
1987 The Use of RRA in Cross-Sectional and Longitudinal Studies. In: Proceedings..., KKU, ed.

+Thomas-Slayter, B.P.
1992 Implementing Effective Local Management of Natural Resources. New Roles for NGOs in Africa. Human Organization 51.2.

Topsöe-Jensen, B.
1989 Popular Participation, Monitoring and Evaluation in Integrated Rural Development. The Case of PDRI in Guinea-Bissau. Development Studies Unit (DSU). PPP-Working Paper, No.6

+Tripp, R. and Wooley, J.
1989 The Planning Stage of On-Farm Research. Identifying Factors for Experimentation. CIMMYT and CIAT, Mexico, D.F. and Cali, Colombia.

+Vijayraghavan, R. et al, eds.
1992 Participatory Rural Appraisal for Agricultural Research, at Aruppukottai, Tamil Nadu (India). IIED, London.

+Voigt-Moritz, H. C.
1991 Partizipation in der Technischen Zusammenarbeit. Zehn Thesen und der Fall Dalifort/Dakar. GTZ. Eschborn.

Warren, D.M., Slikkerveer, L.J. and Titilola, S.O. (eds.)
1989 Indigenous Knowledge Systems. Implications for Agriculture and International Development. (CIKARD) Iowa State University. Ames.

+Waters-Bayer, Ann
1989 Participatory Technology Development in Ecologically Oriented Agriculture. Some Approaches and Tools. ODI, Agricultural Administration Network Paper 7, June.

+Welbourn, A.
1991 RRA and the Analysis of Difference. RRA Notes 14:14-23.

+Welbourn, A.
1992 RRA, Gender and Health. Alternative Ways of Listening to Needs. IDS Bulletin, 23,1:8-18.

Weller, S., Romney, K.
1988. Systematic Data Collection. London.

++Werner, J.
1992 Participatory Development of Agricultural Innovations. Procedures and Methods of On-Farm Research for Rural Development Projects. October. Draft.

Whyte, W. Foote, ed.
1991 Participatory Action Research. Newbury Park, London, New Delhi.

+World Health Organization (WHO) et al., eds.
n.d. (1988) Improving Urban Health. Guidelines for Rapid Appraisal to Assess Community Health Needs. A Focus on Health Improvements for Low-Income Urban Areas.

+Xon Cordova, M.A. and Mendez Rivera, H.A.
1992 Informe general del Sondeo realizado en la communidad de las lomas del municipio de Joyabaj del depto. de el Quiche. (Comite Tecnico Institucional. Cooperacion Guatemalteco-Alemana Alimentos por Trabajo Santa Cruz del Quiche. El Quiche.) GTZ, Div. 425. Draft.

Yankah, K.
1989. The Proverb in the Context of Akan Rhetoric. Bern.

+Young, H.
1990 The Use of Wealth Ranking in Nutrition Surveys in Sudan. RRA Notes, 8.

Zamosc, L.
1986 Campesinos y Sociólogos: Reflexiones sobre dos experiencas de investigación activa en Colombia. In: Investigación Accion Participativa en Colombia. O. Fals et al., eds. Bogota.